シンプルに暮らす

無印良品で
片づく
部屋のつくり方

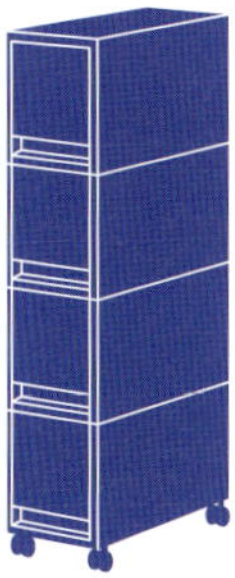

整理収納アドバイザー すはらひろこ

X-Knowledge

はじめに

間取りも家族構成も地域も違う、あの人たちのおうちを訪ねて、
ずうずうしくも引出しの中まで見せていただきました。
モノが多い人も少ない人も、片づけを優先したい人もそうでない人も、
収納とインテリアに知恵と工夫があって、
ムリなく片づく部屋づくりが、心地よい暮らしへとつながっています。

暮らしを愛する気持ちが家や部屋に反映されていると思います。
そして、人と同じように家や部屋にも個性があります。

けれど、時間が経つにつれて仕事や生活、家族、自分のことなどが変化します。
そのため、暮らしのもやもやが増えて、困ったりすることも。
いつも完璧な状態にすることは簡単ではありません。
それでも、今の「最適」を見つけて部屋づくりをしている人のおうちは、
すがすがしく輝いてみえます。
そしてそこには、無印良品の存在がありました。

複雑になりがちな暮らしをどのように整理したらいいのか、
道具がチカラを与えてくれることがあります。
かけがえのない暮らしにつながる、それぞれのおうちのアイディアをご覧ください。

家族に片づけてもらうには？
家事がラクになるコツは？
散らからない部屋とは？
広々と暮らすには？
モノとのつきあいかたは？

そんな問いに、たくさんのヒントをもたらしてくれるはずです。

すはらひろこ

目次

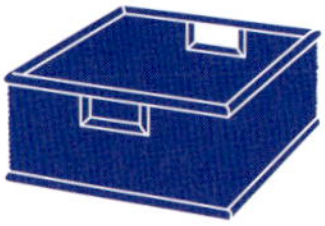

写真／青木章　大木慎太郎（fort）
ブックデザイン／縄田智子　若山美樹（L'espace）
協力／茂木宏美　山田やすよ
組版／片寄雄太（And-Fabfactory Co., Ltd.）天龍社
印刷所／シナノ書籍印刷株式会社

協力／良品計画、RoomClip

本書をお読みになる前に

本書に掲載されている情報は、2017年5月現在のものです。

商品の価格や仕様などは、変更になる場合があります。

無印良品のアイテムに関しては、無印良品ホームページ（http://www.muji.net/）をご確認ください。


クレジット表記のある商品については、すべて税込です。

価格などが表示されていない私物に関しては、現在は入手できないものもあります。

本書の使用方法を実践いただく際は、建物の構造や性質、商品の注意事項をお確かめのうえ、自己責任のもと行ってください。


上記につきまして、あらかじめご了承ください。

暮らし上手さんの部屋づくりのルール。

シンプルに暮らす3人の達人たちに会いに行き、
心地よく、片づく部屋のつくり方のルールをうかがいました。
家や暮らし方は三人三様。
日々の豊かな生活のための工夫に、無印良品がありました。

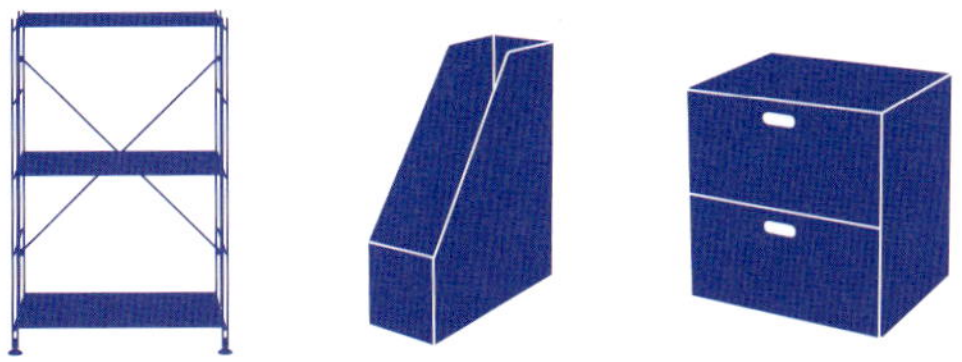

やまぐちせいこさんの部屋づくりのルール

自然あふれる大分県の家で、
厳選されたモノで
暮らしを軽くする工夫をしている
やまぐちさん。
その潔さがうかがえる部屋は、
モノを少なく保ちながら、
豊かに暮らしている、
凛とした透明感に満ちています。

「家族が困らないように仕組みをつくるのが、
家のなかでの私の役割かもしれません。
片づけや掃除が軽やかにできると、心地よいんです」

やまぐちせいこ
1977年生まれ。ブログ「少ない物ですっきり暮らす」主宰。24歳で結婚し、勤務しながら30歳で漫画家デビュー。現在は子どものサポートのため専業主婦に。現在、夫、長男、長女、義理の両親と同居生活中。

rule

1 「“使うモノ”が主役になるような、中味が見える収納用品が好きです」

家族と暮らすうち、片づかないことや、モノの位置がわからないことの不便さが、簡潔な収納と、モノを「減らす」暮らしを実践するきっかけになったというやまぐちさん。〝不便〟のほころびを丁寧につくろっていくように、やまぐちさんの家にはいろいろな工夫がされています。「あれはどこ、と家族に聞かれたら、少しずつ調整して、モノを探さなくても済むようにしていったんです。片づかないと、家族がぎくしゃくしてしまって、もったいないですよね（笑）」と、明るく話すやまぐちさんの笑顔から、ご主人や、家族が暮らしやすいように工夫することを大切にする気持ちが伝わってきました。

中味が見える収納が多いのも、そんな工夫のひとつ。「モノが主役になるような透明や、半透明の収納は、見た目にもわかりやすくて、きれいに見えるんです」。透明な収納に収まった道具の数々は、まるで標本のように美しくきらめいています。

①

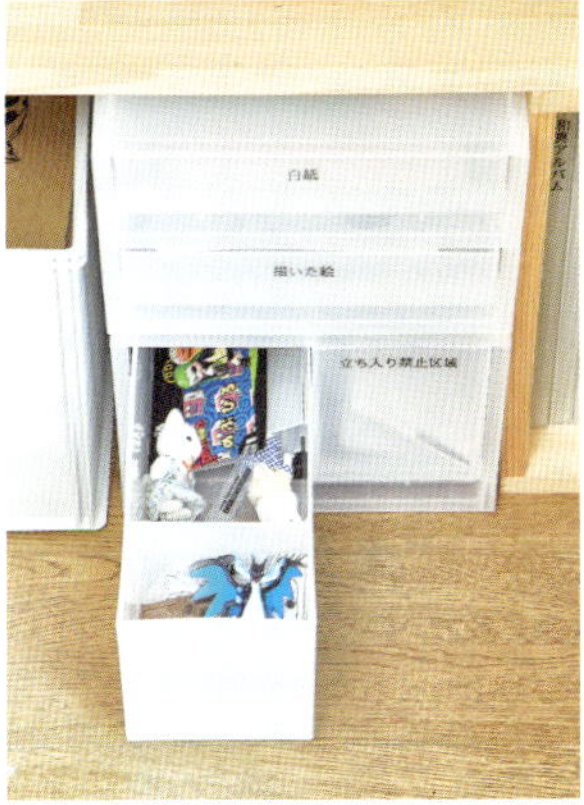

①本も透明な「アクリル仕切りスタンド　3仕切り」で区分。「ポリプロピレンケース・引出式」シリーズを組み合わせれば、モノがぼんやり見え、直感的に整理できる　②家族みんなが使うモノは入っている中身が見えるアクリルの収納にまとめて。使いたいモノがどこに何があるかが誰でもわかる

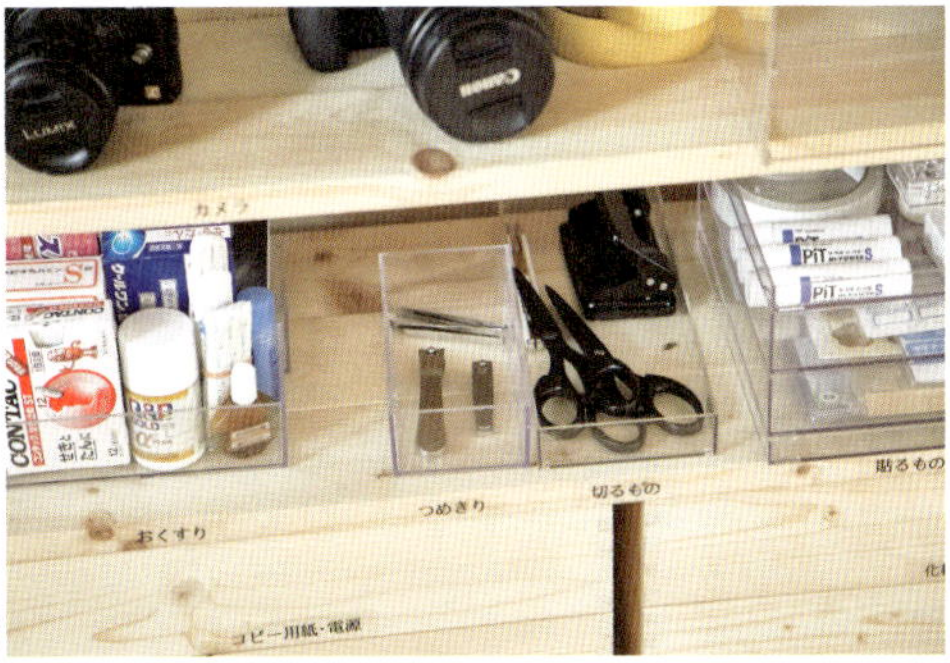

②

①

①食器は頻繁に使うから、埃をかぶる心配がなく、家族にも片づけやすいオープン収納に　②コンロ下の棚では「アクリルティシューボックス」でキッチンペーパーを管理

②

rule

2 「すぐ取れる、すぐやれる、すぐ片づけられる。限りなくオープンな収納が、片づく部屋のコツなんです」

すっきりとしたキッチンは、意外なことにほとんどがオープン収納。「扉を開けなくても、食器がすぐ取り出せて、片づけるときは元の位置へ置くだけ。動作が少ないから、準備も片づけも楽になりました」とのこと。モノが少ないので、基本は雑巾と水でこまめに拭き掃除をすれば、大掛かりなメンテナンスは要りません。掃除用具や買い物バッグなど、よく使うモノは吊り下げて収納。棚や床へ直接置かないことで、取り出しやすいだけでなく、掃除の手間も減らせます。台所は毎日使う場所なので、重視するのは料理も掃除も「すぐやれる」こと。出しっぱなしでもきれいに保てるのがルールです。

①ホイルは「ポリプロピレンラップケース」に移し変えてすっきり　②「マグネット付ラップケース」なら冷蔵庫脇も収納に　③分別ゴミは「ポリプロピレンフタが選べるダストボックス・大」で　④よく使うモノは「木製 角型トレー」にセット　⑤「無垢材ベンチ・オーク材・小」は買い物かごの一時置き　⑥吊り下げ収納なら「壁に付けられる家具」シリーズにお任せ。どこでも好きな位置が収納に変身

①

②

③

④

⑤

⑥

rule 3

「モノは、とにかくわかりやすくラベリングすれば、家族も使いやすいんです」

サニタリーで洗濯物を分類するのには、ステンレスのワイヤーバスケットが便利だそう。「バスケットには絵入りのカードを付けてわかりやすくしているんです」と、やまぐちさん特製の愛らしいイラストカードを見せて頂きました。メッシュで中味が見えて、ひと目でどのバスケットを使えばいいのかがわかる、言葉のいらない楽しいアイディアです。

家族の肌着は、半透明の引き出し収納へ。1段ごとに使う人で分けられ、引き出しには持ち主と中身がきちんとラベリングされています。こうしておけば、家族それぞれが各自の収納を自由に使えます。小さい引き出しに一列に並べたシンプルな収納なので、お風呂あがりもスムーズに取り出せて、洗濯後の片づけも簡単。家のあちこちに付けられた遊び心あるお手製のカードには、「あなたを大事に思っていますよ」という家族へのメッセージが込められています。

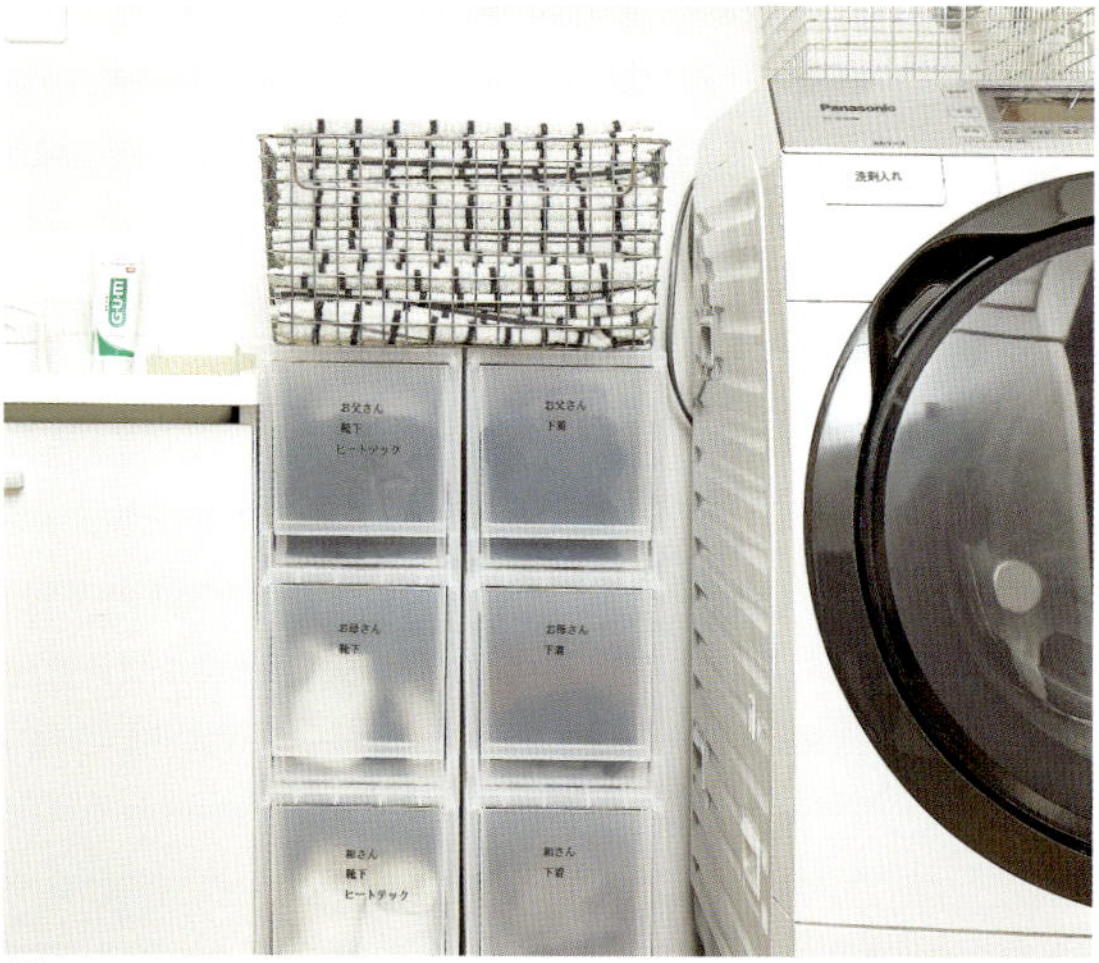

①

②

①洗面所では通気性の良い「ステンレスワイヤーバスケット」が便利 ②家族の肌着は「ポリプロピレンストッカー4段・キャスター付」で、1段ずつ人別に収納 ③細々したモノが多い身支度セットは「ポリエステル綿麻混・ソフトボックス・長方形・ハーフ・小」にまとめて

③

ごみ箱
パジャマ
まだ着る服
白い洗濯物
黒い洗濯物
Panasonic
10.0
風呂水
水位
予約
洗い
すすぎ
脱水
乾燥
コース
洗濯
洗濯～乾燥
乾燥のみ
スタート
一時停止
電源
切
入
ECONAVI
洗剤ケース

尾崎友吏子さんの

部屋づくりのルール

ミニマムな3LDKに住み替えた、
大阪府在住の尾崎さん。
3人の子どもを育てながら、
働く母の暮らしぶりのなかには、
毎日のことだからこそ、がんばりすぎず、
楽しくていねいに暮らす知恵がありました。

「忙しい毎日でも、簡単に、手間なく、
きちんとていねいに。
家族がそれぞれやれることが、大切なんです」

尾崎友吏子
1970年、神奈川県生まれ。大阪在住。主婦歴20年、子育て歴17年。働きながら、3人の息子の母として暮らす。2012年から人気ブログ「cozy-nest 小さく整う暮らし(http://www.cozy-nest.net)」を主宰。著作の執筆も行う。

rule 1

「出したら戻す、を徹底しています。片づけは、スムーズにできる工夫を」

「子どもが塾に行っているときには、夕食を日に4回作ります」。食べ盛りの3人の息子を育てながら働く尾崎さんにとって、日々の生活を豊かにするために大切なのは、やはり「段取り」。ワーキングマザーだったお母さまの手づくりの料理を食べて育った影響で、食生活は健康、安全でおいしいものを、というのがポリシー。

日常生活の核となっているキッチンだからこそ、「出したら戻す」を徹底しているという尾崎さん。片づけやすい仕組みづくりにも、余念がありません。よく使う常温保存の野菜や調味料は、ブリ材のバスケットに入れるだけ。取り出しやすく、片づけるのもラクです。また、棚の中には必要以上にモノを入れず、高さのある段はアクリルの仕切り板で仕切ったり、区画整理したりしています。こうした工夫が、日々の「出したら戻す」を無理なくできることに、直結しているのです。

①

①カトラリーは「木製ケース」などで仕切って分類。ごちゃつかず取り出しやすい　②③ちょっとした分別ゴミや、出し入れ回数の多い野菜・調味料は「重なるブリ材長方形ボックス」へ。使う頻度が高いので、手軽に取れる目線の位置に収納

④何枚も重ねると取り出しづらくなる皿は「アクリル仕切棚」で専用スペースを設けて　⑤献立を考えるときに使うレシピを「ポリプロピレンフォト・ハガキホルダー・2段・2L対応（2段・136ポケット・両面タイプ）」でまとめて食器棚に

③

②

⑤

④

rule 2

「洗濯した衣類はたたまずに吊るす収納で、子どもが自分でできるやり方にしています」

3人の男の子の居る尾崎家は、洗濯物の量も膨大。そこで、衣類を洗濯したらハンガー掛けにしたまま収納して、それぞれが選んで着替えられる仕組みにしました。「脱いだあとに洗濯するモノはそのままネットに、すぐ洗わないパジャマなどはブリ材のバスケットに入れているんです」。あえて脱衣カゴを用意していないそうです。クローゼットにも同様に、脱いだ服の一時置きのカゴが設けてあります。

他にも、洗面台のシンク下には、家をスムーズに片づけるための意外なモノが。「家に入る郵便物は、いったん仕分けが必要。雑紙入れは、玄関よりもリビングに近い脱衣所のほうが便利なんです」と中身を見せてくれました。先入観にとらわれず、間取りの特徴や家族のやり方に合った仕組みづくりをする尾崎さんは、合理的な発想で無駄のない、ていねいな暮らしを実践している人でした。

①

③

PICK UP

①玄関とリビングの間にある脱衣所の郵便物・雑紙入れ。郵便物の処理はここが適所　②シャンプーなどのストックも「重なるブリ材角型バスケット」で管理。この中に入る量しか持たないと決めているそう　③クローゼットの一時置きもブリ材バスケット

②

rule 3 「自分のことは自分でできる子になってほしいから、日々の動きを考えて、収納しています」

家族が集まるリビングダイニングの収納は、壁沿いにしつらえたカウンターの下だけです。余分なモノが増えないように収納スペースを抑えるとともに、日々の動きに応じて適材適所にモノの定位置がつくられています。ダイニングで使う文房具や書類は、カウンター下の棚一段に。息子が好きな囲碁セットは重たいので、テレビ横の小さな空間を活用して上手にしまってあります。「リビングやダイニングではのびのびと過ごせるように、手に取りやすい位置にモノをしまっているんです」と尾崎さん。その言葉どおり、広々とした畳の床に置かれたモノはなく、カウンター収納には必要十分な収納が整えられています。反対に、日持ちするお菓子や缶詰は、玄関脇のクローゼットにある収納にまとめて。食べるときに持ち出せば、キッチンはいつもすっきり。部屋が片づいていることが、家事や掃除をラクにする土台づくりの第一歩なのです。

②

①

①ダイニングから手に取れる位置には、「木製ケース」にしまわれた文房具セットが並ぶ　②ストック食材は買い物帰りに玄関脇のクローゼットへ。「重なるブリ材長方形ボックス」で分類　③テレビ台の横には「重なるラタン長方形ボックス・小」にDVDやゲームを収納

③

④

PICK UP

④枕元灯やメガネなど、寝る前に使うアイテムは「ラタンティシューボックス」を入れ物代わりに
⑤かさばるおもちゃは「パイン材収納BOX・キャスター付き」にまとめて

⑤

mujikkoさんの部屋づくりのルール

ムジラーの代名詞である
大人気ブロガーmujikkoさん。
収納は機能的に、インテリアは居心地よく、
家族がリラックスできる……
そんな、思うがままの部屋を
実現するコツを
たっぷりうかがいました。

「子どもが成長したり、
仕事でライフスタイルが変わったり……
そんな変化に気づいたらモノの収納方法や、
場所を見直します」

mujikko
無印良品アイテムの使用感などをレポートしたブログ「良品生活」が人気。熊本県で夫と小学生の息子と保育園児の娘と暮らす。整理収納アドバイザー1級、整理収納コンサルタント、親・子の片づけインストラクター2級。

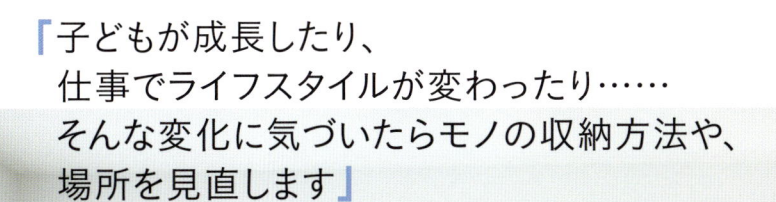

rule

1 「モノも埃も溜めたくないから、パッと片づくようにしています」

大人気ブログ「良品生活」を主宰する、mujikkoさんへ会いに行きました。ご本人曰く、意外にも「飽きっぽい性格で、模様替えが大好き」とのこと。アジアンやミッドセンチュリーなどのインテリア遍歴を経て、主張しすぎない無印良品のアイテムは、どんなテイストの部屋にも合うと思ったのだそうです。

特にアクリルや、ポリプロピレンの収納グッズが重宝なのだとか。「シンプルで、いつでも買い足せる安心感と、いろいろな場所で使えるところが気に入っています」。その言葉どおり、キッチンのキャビネットではケース類が大活躍。中に入っているモノが見えるうえ、細かく分けてラベリングすれば、どこに何があるかが直感的にわかります。

またアクリルやポリプロピレンは、掃除やお手入れがしやすい点もメリット。さっと拭いたり、丸ごと水洗いしたりするだけで、キッチンの収納はいつも清潔を保てます。

①

②

③

④

①お気に入りのカップは「重なるアクリルCDボックス」で保管。埃も付かず、台所しごとの合間にうっとり眺めたくなる ②ティーセットはまとめて「ポリプロピレン整理ボックス3」へ。お茶の準備をするときは、一度にボックスごとテーブルへ ③パスタのような長いモノ、いくつもあるれんげは「アクリル小物収納・3段」を横置きして ④棚の中のカトラリーや箸は「ポリプロピレン整理ボックス」で種類ごとに区画整理すれば片づけやすい ⑤箸置きやナイフレストなど、テーブルセッティングのための道具はあらかじめダイニング側に置いて。「アクリルメガネ・小物ケース」なら食べる直前にサッと取り出せる

⑤

インターネット関係
医療費
封筒
はがき
ラッピング
映像・パソコン関係
小型・キッチン家電

rule

2 「どんどん増える書類は、収納できる量だけに。管理できる、身の丈にあった量が最適なんです」

書類や本、文房具や道具類は、この戸棚のなかにひとまとめ。1段ごとにファイルやボックスできっちりと整理された空間は、計算しつくされたラボのようです。「郵便物や書類は際限なく増えていくので、このファイルに収まる量だけと決めています」とmujikkoさん。モノの全体量を収納用品の枠ごとにやりくりをして、いたずらにモノが増えないようにしているとのこと。

特によく使うモノは、中間の2段に集中。いざというとき必要なマスクや薬箱などはサッと取り出せる配置になっています。たまに見返す取り扱い説明書や、大判の書籍は上段と下段に分けて。「大きさがぴったりなので、引き出しやファイルボックスは、適宜入れ替えたり、置き変えたりしています」。小物類の収納は「ポリプロピレンケース・引出式」シリーズで揃えておくと、使いながら最適な配置を探していくことができるのです。

①

②

④

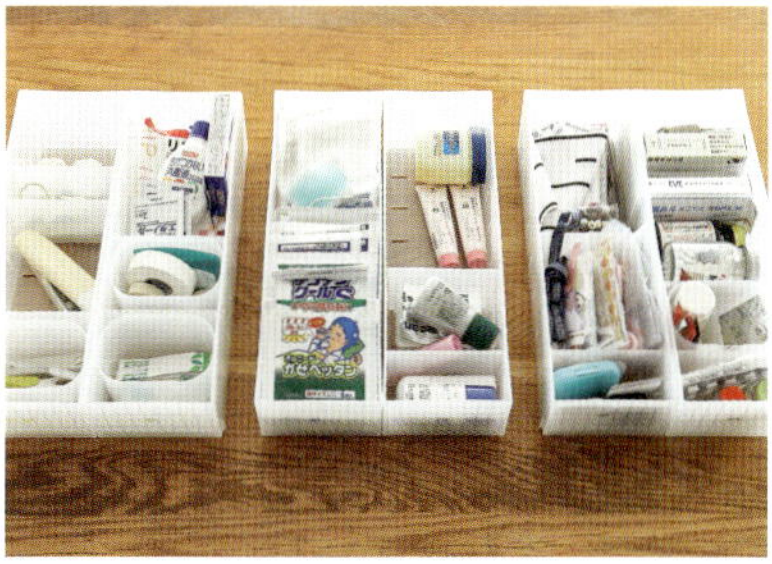

③

①ファイルボックスに入れるのは、書類以外のモノもOK。サイズが不揃いなテープなどを入れるのにも便利　②梱包するときに使うガムテープやカッターは「ポリプロピレンメイクボックス」シリーズを重ねて省スペースに収納　③「ポリプロピレンケース・引出式ハーフ・浅型（仕切付）」は仕切りの場所を変えられるのでモノごとの最適な大きさにカスタム。小さな道具ほど区分したい　④段ごとに文房具類を分けて収納。「ポリプロピレンコットン・綿棒ケース」は小分けに使って

FREEDOM
ことばのえじてん

rule 3

「子どもの成長や生活の変化にあわせて、モノの位置や収納をカスタムしていきます」

学校のロッカーのようなスタッキングシェルフに、子どもの道具が整然と納まっています。じつは息子さんが小学校に入学するタイミングで机を設けたときに、教科書類の置き場を作ったものの、プリントが散らばったり、なくなったりということが少なくなかったそうです。

そんな経験を生かし、今では子どもと一緒に片づけられるように、リビング隣のバスケット内にプリント置き場を設けることに。かさばるプリントは、「ステンレスワイヤーバスケット」に「アクリル仕切りスタンド」を入れてまとめておけば、親子で一緒に閲覧できて便利です。「不便だと思ったり、ライフステージが変わったりしたときは、そのたびごとに収納の場所を見直します」とmujikkoさんは言います。成長する子どもや、夫婦の仕事の状況が変わったときは、暮らしにあわせて柔軟に仕組みを変えていくのが、無理なく片づいた部屋を保つ秘訣なのです。

①

②

③

④

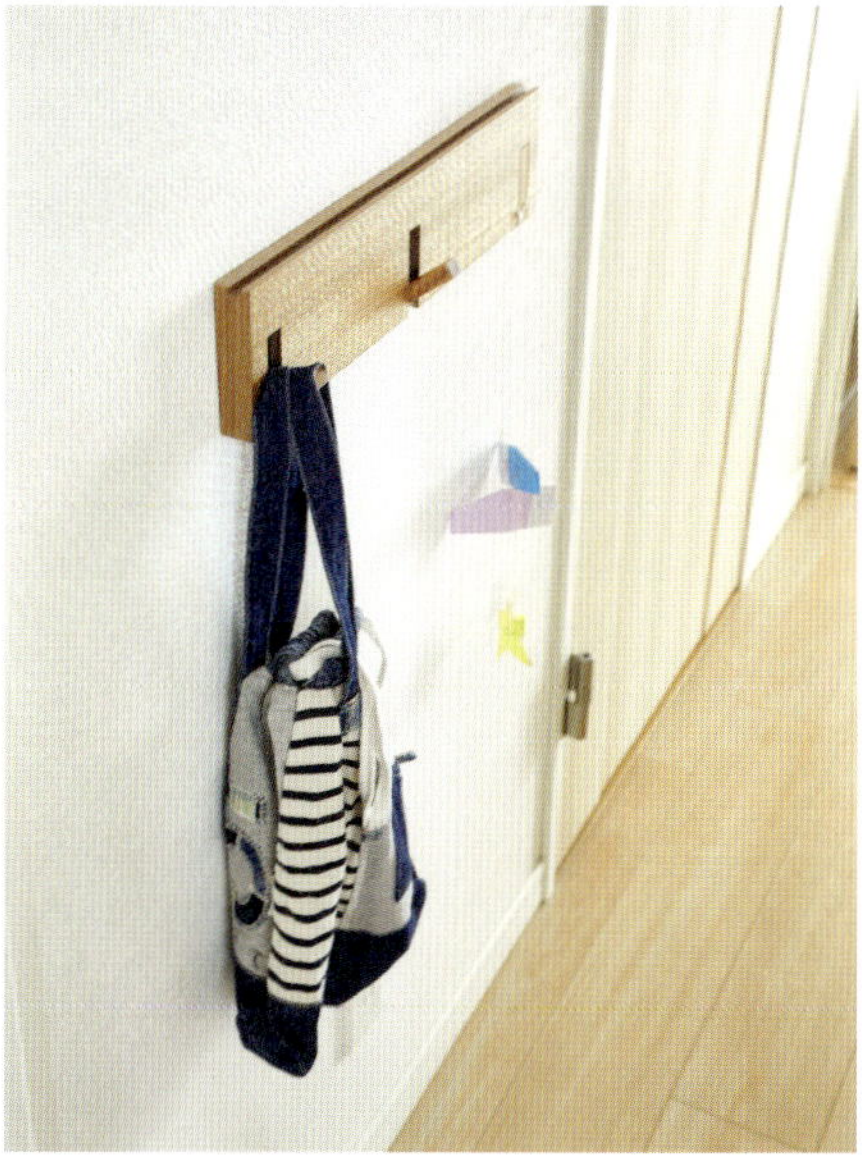
⑤

①朝、子どもが準備するハンカチや靴下は「重なるブリ材長方形ボックス」シリーズへ ②「アクリル仕切りスタンド」で教科書を整理 ③「ステンレスワイヤーバスケット」はプリントや帽子などの一時置き ④カバンと服が同じシェルフなら朝の準備がラク ⑤帰宅時、必ず通る廊下に「壁に付けられる家具」でカバン掛けを設置

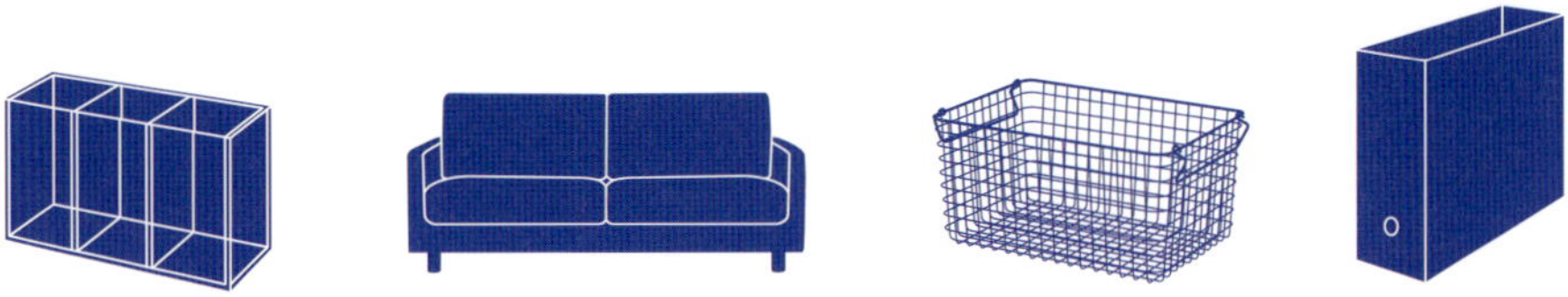

みんなの部屋づくりのアイディア。

だから、無印良品が好き。
すっきりと片づいた、居心地のよい部屋をつくるための、
とっておきの実例アイディアをご紹介します。
あなたらしい暮らしとお部屋づくりのヒントに、ぜひお役立てください。

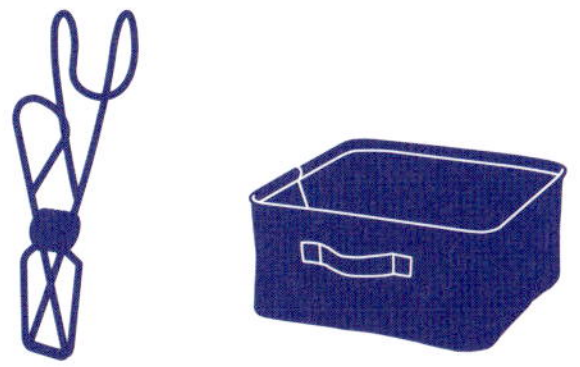

子どもと愛犬と暮らしても、すっきり片づく。

盛大に遊ぶ子ども、自由気ままに動き回る愛犬。家族の笑顔が耐えない渡邉さんのおうちには、のびのび暮らせる部屋に、収納の工夫がありました。

DATA
埼玉県在住
夫婦＋子ども1人＋愛犬
マンション
4LDK
Room Clip
ユーザー名：risako1107
Room No. 783450

息子と愛犬と暮らす渡邉さんご夫婦。1歳半になるひとり息子は、今が触りたくて投げたくて仕方がない時期。愛犬とも暮らしているので、自由気ままに動くふたりの家族のための部屋づくりには、ひと一倍気を使います。

整然と片づき、北欧雑貨や手作りのオーナメントなど、好きなモノに囲まれた部屋は、素敵な暮らしそのもの。

リビング収納のシェルフは、子どもが生まれる前は飾り棚だったそうですが、今はおもちゃ収納として活用。「子どもが開けてしまう引き出しの中は空っぽに。カラフルなおもちゃは、子どもが出し入れできるように、ソフトボックスを使って隠す収納にしています」。

ただ片づくだけでなく、愛らしさも忘れたくないところ。「ちょうど息子が遊び盛りの時期なので、ごちゃつきがちな本や、ぬいぐるみは見えない収納にしています。そのかわりに、かわいいおもちゃはディスプレイとして、見せる収納にしているんです」と渡邉さんは言います。

キッチンにも「見せる、隠す、飾る」収納があります。調理家電や食材のあるシェルフは、もともと持っていたものに追加連結して、使いやすくアレンジしたもの。「壁に付けられる家具」をディスプレイに加えるセンスは、渡邉さんならでは。「主人は片づけたがるほうで、私は場所を決める役」という渡邉さん。夫婦の連係プレーで美しさが保たれています。

Living Room

いつも過ごすリビングは「隠す」収納が◎

リビングを広々と使う秘訣は、モノをなるべく、戸棚やボックスの中へ収納すること。

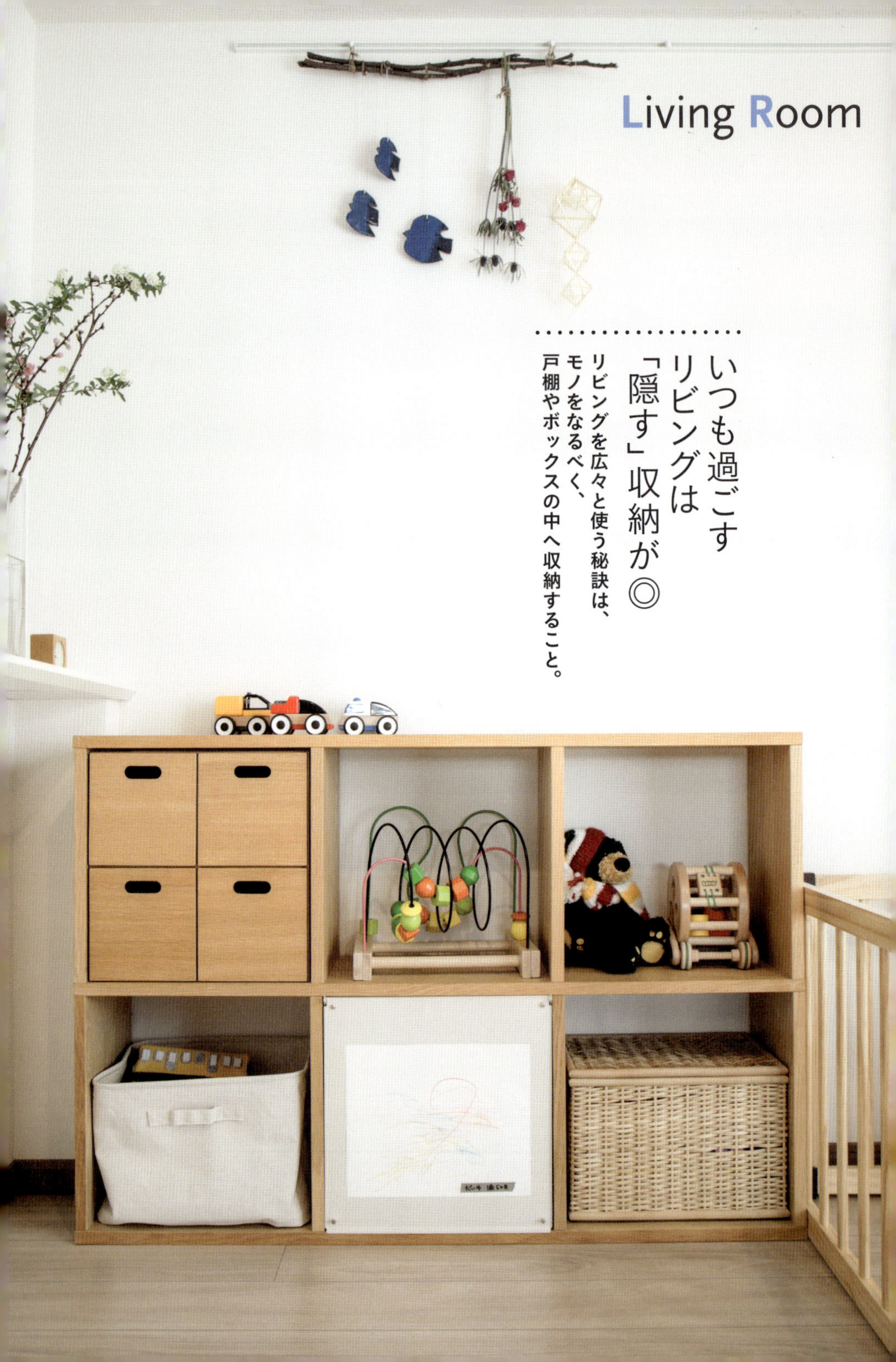

リビングの
戸棚の中身は
こうなって
います

いざというとき用の薬箱や書類は上段に

上段は、必要に応じてサッと取り出せる位置。地域のお知らせや救急用品はココへ

プチDIY用の道具は同じ段が便利です

同じタイミングで使うものは、同じ場所にしまっておくのが鉄則。DIYするときは、ボックスごと持ち運べばOK ②

よく使う本やファイルは腰の位置

もっとも使用頻度の高いものは、腰あたりの位置に収納して。よく使うファイルや読み返す本は中段にしまおう ③

家族のモノは〝段ごと〟が鉄則

引き出しは1段まるごと家族のパーソナルスペース。自分の固定の収納場所があれば、ポイ置き防止にも効果的 ①

文房具は見やすい高さ

細かいモノが多い文房具は、取り出しやすい目線の位置に収納

"とりあえず"入れる「その他」ボックス

どこに分類しようか迷う書類用に、「その他」ボックスがあれば便利。少し経ったら見直して整理しよう

思い出箱や取説などストックは一番下段

アルバムや思い出の品、取り扱い説明書など、いつも使わないけれど大事なものは、一番下だと邪魔になりづらい

色がばらつくモノはボックス収納で隠して

色とりどりのおもちゃやDVDは、フタつきのボックスや引き出しに入れて目に入らないように収納。一番下の段にしまえば子どもも取りやすい(P36写真：④) ⑤ ⑥

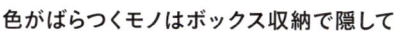

Kitchen

キッチンは取り出しやすく一目瞭然がルール

時短できるキッチンは、サッと取り出せて、なにがあるかがひと目でわかる。

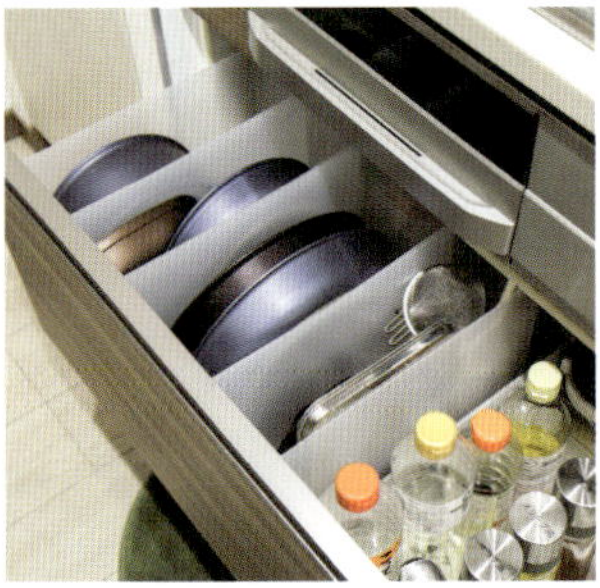

フライパンはファイルボックスに立てれば機能的

積み重ねると取り出しづらくなるフライパンは、ファイルボックスに並べて収納

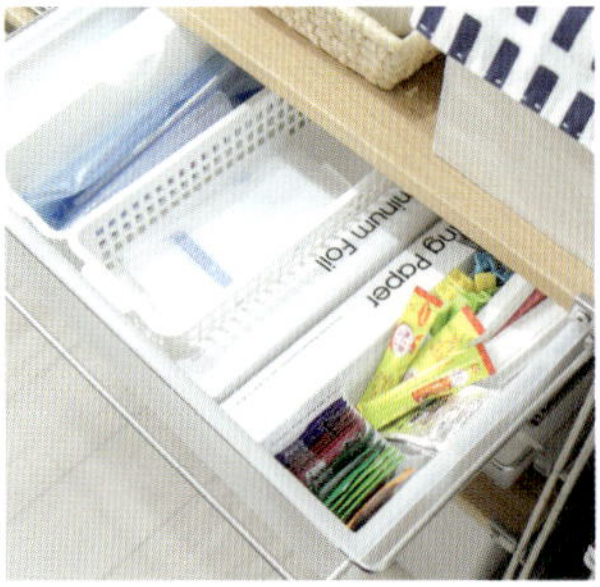

ポリ袋やフリカケなどはケースで種類分けが正解

よく使うラップやポリ袋は使いたいときにサッと出せるように、1段を仕切ってまとめて ⑦

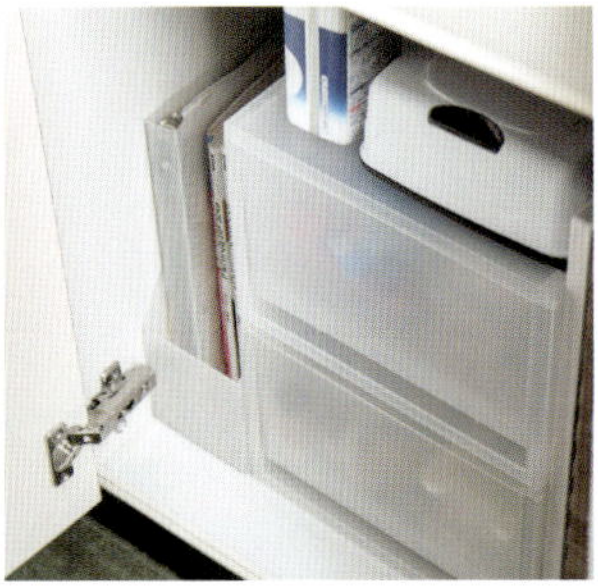

シンク下の収納にレシピ本を忍ばせて

シンク下の隙間にファイルボックスがピッタリ。レシピ本をしまえば、料理の作り方をチェックできる ⑨

バスケットにまとめれば取り出しラクラク

コーヒー豆や紅茶は、中味がわかるようラベリング。頑丈なワイヤーの収納なら、ラクに取り出せる ⑧

「壁に付けられる家具」で壁がディスプレイに変身

台所しごとの合間に眺められる位置に、お気に入りの雑貨を飾って。毎日使う場所だから、楽しくアレンジ

鍋敷きは軽くて通気性よいブリ材バスケットがベスト

湿気に弱いお気に入りの鍋敷きは、軽くて通気性のよいブリ材のバスケットがちょうどよい

THE
COFFEE
HOUSE
11:25

暮らしの動きに合わせて置く場所をつくる

時間がない朝のお出かけ前も慌てない。
このひと部屋で服からアクセサリーまでが揃う
カンペキ身支度コーナー。

バッグは上着近くが定位置

お出かけ用のバッグは上着近くにフックでかけて。近くに置けば、アウターを着る流れでバッグを持って行ける ⑩

Other Room

アクセサリーが一瞬で選べるよう
種類で分類

指輪、ピアス、ネックレスは内箱選びがポイント。1コマにひとつずつお気に入りを収納。同じ種類のものが閲覧できるから、朝も迷わない ⑫

神棚は
「壁に付けられる家具」で
目に入らない位置に

配置場所に悩む神棚は、「壁に付けられる家具」なら好きな位置に配置できる。必要なモノが飾れる幅がちょうどいい ⑪

渡邉さんおすすめの無印良品

①

ポリプロピレンケース・引出式・浅型

約幅26×奥行37×高さ12cm
価格：900円

②

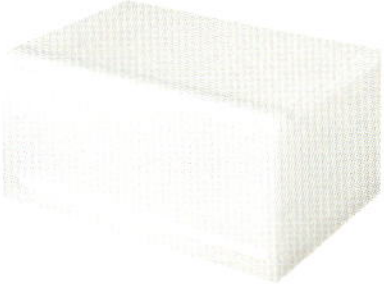

ポリプロピレンケース引出式・横ワイド・深型

幅37×奥行26×高さ17.5cm
価格：1,100円

③

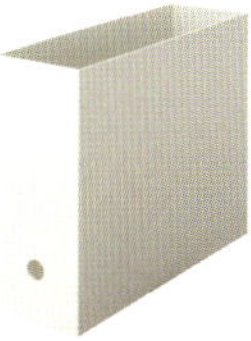

ポリプロピレンファイルボックス・スタンダードタイプ・A4用・ホワイトグレー

約幅10×奥行32×高さ24cm
価格：700円

④

スタッキングシェルフセット・3段×2列・オーク材

幅82×奥行28.5×高さ121cm
価格：27,000円

⑤

重なるブリ材長方形バスケット・大

幅約37×奥行26×高さ24cm
価格：1,700円

⑥

ポリエステル綿麻混・ソフトボックス・長方形・中

約幅37×奥行26×高さ26cm
価格：1,200円

⑦

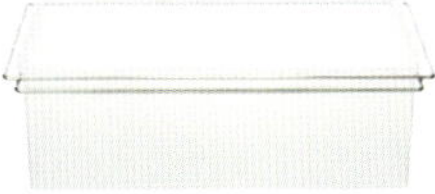

ステンレスユニットシェルフ・ステンレス追加用ポリプロピレンバスケット幅56cmタイプ用

幅51×奥行41×高さ15cm
価格：3,000円

⑧

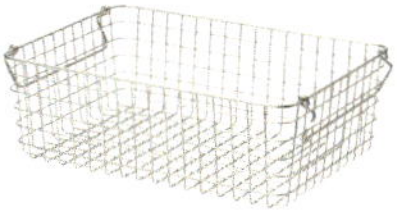

18-8ステンレスワイヤーバスケット3

約幅37×奥行26×高さ12cm
価格：2,300円

⑨

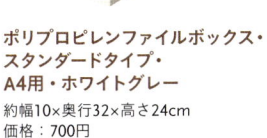

ポリプロピレンスタンドファイルボックス・A4用

約幅10×奥行27.6×高さ31.8cm
価格：700円

⑩

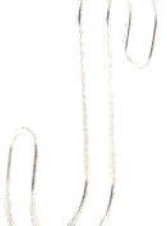

横ブレしにくいS字フック小 2個入り

約5cm×1×9.5cm
価格：380円

⑪

壁に付けられる家具・棚・幅44cm・オーク材

幅44×奥行12×高さ10cm
価格：2,500円

⑫

重なるアクリルケース2段引出・大

約幅25.5×奥行17×高さ9.5cm
価格：2,200円

ワンルームでも、心地よい緑のある暮らし。

サマになる片づけ方は
モノの居場所をきちんとつくること。

DATA
東京都在住
ひとり暮らし
マンション
Room Clip
ユーザー名：
ponsuke
RoomNo. 778973

ミニマムなワンルームに住む料理人の泉さん。あちこちにグリーンが飾られ、部屋は白くシンプルです。センスよい雑貨選びの審美眼は、料理の修行でフランスにいたとき、現地の素敵な部屋づくりに刺激されて培われたもの。

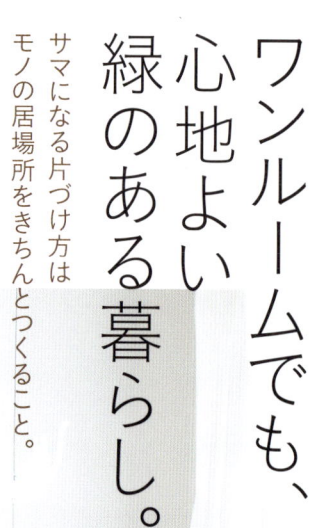

きらきらとした光が差し込む、緑溢れる泉さんの部屋。料理の修行でフランスにいたときに、素敵な部屋づくりに目覚めたそうです。植物や雑貨が並び、ワンルームの小さな部屋とは、とても思えません。

部屋の雰囲気を邪魔しない収納の工夫が、センスの良さの見せどころです。生活用品はベッドやソファの下など死角になる所に収納するのがポイント。パソコンなどの家電は、視界から外れる位置にさりげなく配置。生活雑貨は中身の見えない収納を使って目立たせないようにするなど、「収納づくりは、見えないところや、見えてもキレイに見える配置を考えます」というのがこだわりだそう。キッチンの調理器具や調味料さえも、壁を飾るようにディスプレイして、使う頻度を吟味しながらモノを配置することで、すっきりとすぐに片づく部屋になっています。

「部屋のおおまかなイメージを固めてから、少しずつ家具を買い足したり、配置を調整したりします。また、「淡いカラーで統一すると、部屋が広く見えるのもポイントなんです」と教えてくれました。

「壁に付けられる家具」シリーズを上手に使い、壁をディスプレイ兼、収納に。自然光が差し込む明るい窓辺が、くつろぐお気に入りのスペース。片づけと見た目の心地よさのバランスが◎

Living Room

モノは少なく、小さな家具でお気に入りと暮らす

インテリアを邪魔しない、工夫の数々をご覧あれ。

掃除用品は木製ボックスならインテリアを邪魔しない

いつもいる場所に置いておきたいからボックスで目隠し。目立たないけれどすぐに使える 3

リモコン類はブリ材バスケットで隠して収納

埃よけと目隠しにフタを活用している。テーブルとバスケットが調和して、片づけたままでインテリアになる 1 2

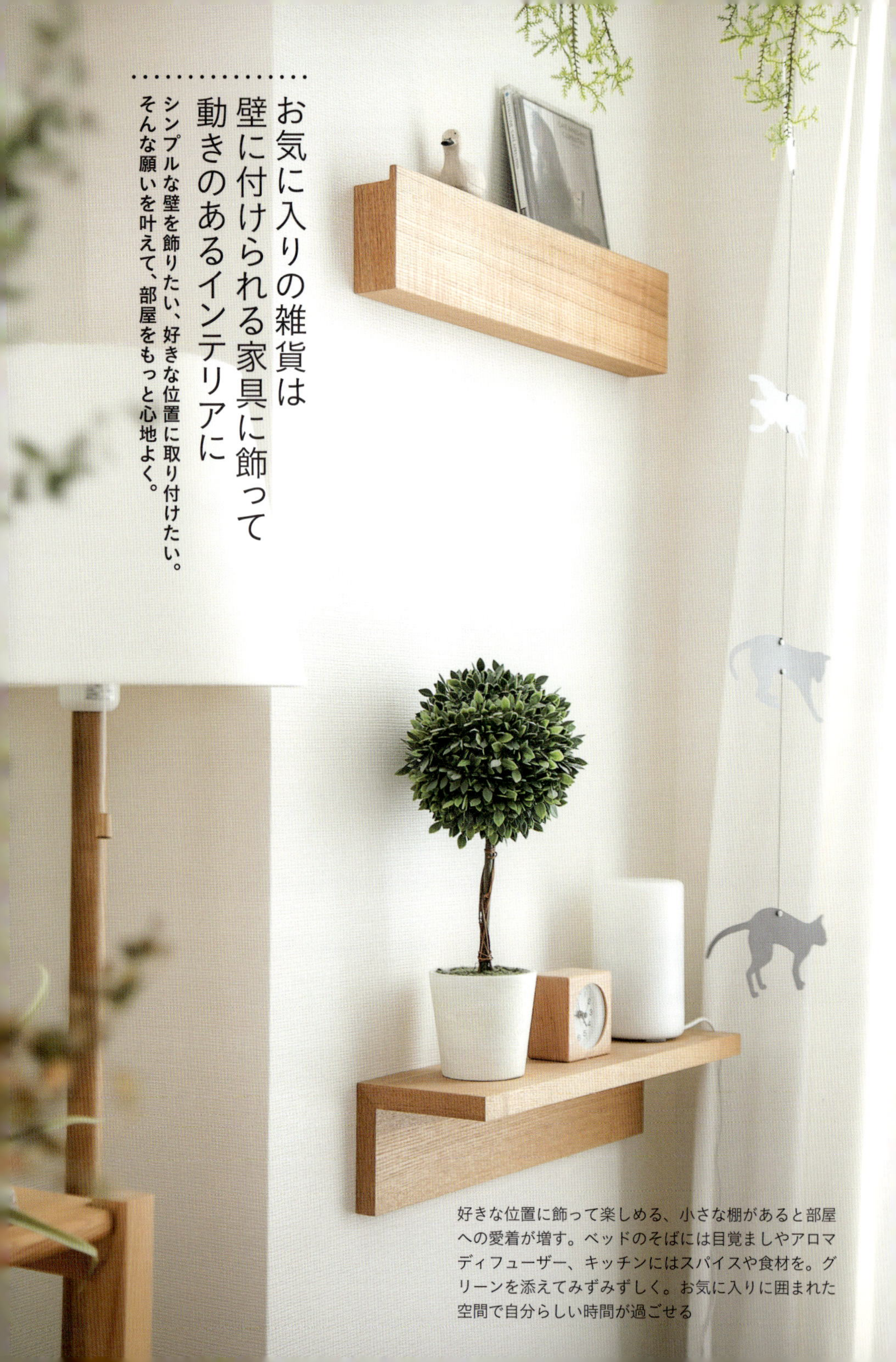

お気に入りの雑貨は壁に付けられる家具に飾って動きのあるインテリアに

シンプルな壁を飾りたい、好きな位置に取り付けたい。
そんな願いを叶えて、部屋をもっと心地よく。

好きな位置に飾って楽しめる、小さな棚があると部屋への愛着が増す。ベッドのそばには目覚ましやアロマディフューザー、キッチンにはスパイスや食材を。グリーンを添えてみずみずしく。お気に入りに囲まれた空間で自分らしい時間が過ごせる

洗濯と掃除用品はさりげなく
壁のすぐ届く位置に

生活感の出やすい日用品をグリーンの飾りでカモフラージュ。容器のチョイスが清潔感につながる ⑦

ファイルボックス型の
スピーカーでカラクリ収納

書類収納と同列にスピーカーをセット。台の上には清涼感のある小物を飾って、実用と装飾のミックス収納のコーナーに ④⑤⑥

Living Room

生活用品は中身が見えないボックスに入れて生活感をなくす

収納スペースがとれないから「目立たない所」が収納に最適な場所。シェルフ下段に四角い小引き出しをセットして生活用品を整理整頓。生活用品のストックバスケットはソファ下、寝具の予備を入れたケースはベッド下にはめ込めば、狭くても片づく ①②⑧⑨

Kitchen

動作もモノもミニマルな お料理上手の 機能性キッチン

モノと色を絞って、生活場面も隠さず美しく。

ほとんど仕切りのないワンルーム。全部見えているのに心地よいのは、ホワイトを主役に白木と植物のグリーン、ステンレス、ガラスなど、色も素材も厳選したから。片づける道具がインテリアの要素になっている

よく使う調理器具は吊るす・立てる収納で機能的

実用の調理器具はステンレスと木、ホワイトのアイテムに。道具のもつ「用の美」をそのまま見せる形での片づけ方 ⑪ ⑫

よく使う調味料は壁に飾ればカフェ風に

モノとモノとの間をあけて、入れものを揃えて、高さ順を意識して整列。飾るつもりで並べると生活感が薄れる ⑩

泉さんおすすめの無印良品

1

重なるブリ材長方形ボックス

約幅26×奥18.5×高さ12cm
価格：750円

2

ブリ材・長方形ボックス用フタ

約幅26×奥18.5×高さ2cm
価格：320円

3

タモ材ごみ箱・長方形

幅28.5×奥行15.5×高さ30.5cm
価格：2,500円

4

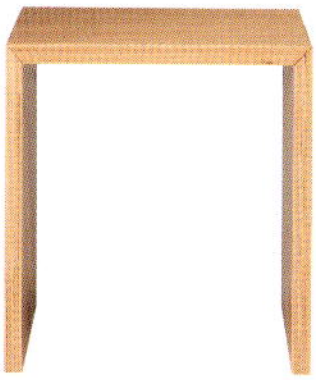

コの字の家具・積層合板・オーク材・幅35cm

幅35×奥行30×高さ35cm
価格：7,000円

5

ポリプロピレンスタンドファイルボックス・A4用

約幅10×奥行27.6×高さ31.8cm
価格：700円

6

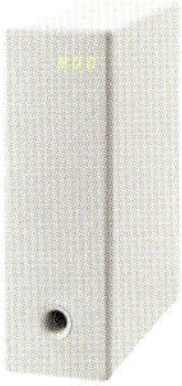

ファイルボックス型Bluetoothスピーカー(MJFSP-1)

幅10×奥行27.6×高さ31.8cm
重さ：2.8kg
価格：13,000円

7

壁に付けられる家具・棚・幅44cm・オーク材

幅44×奥行12×高さ10cm
価格：2,500円

8

ポリプロピレン小物収納ボックス3段・A4タテ

約幅11×奥行24.5×高さ32cm
価格：2,000円

9

ポリプロピレン小物収納ボックス6段・A4タテ

約幅11×奥行24.5×高さ32cm
価格：2,500円

10

壁に付けられる家具・箱・幅44cm・オーク材

幅44×奥行15.5×高さ19cm
価格：3,900円

11

磁器ベージュキッチンツールスタンド

約直径9×高さ16cm
価格：900円

12

アルミS字フック・中　2個入

約幅4×高さ8.5cm
価格：150円

〝何もない〟キッチンの秘密は、すべて収納の中に。

陽ざしがふり注ぐ、爽やかなリビングキッチン。
表に何も出ていない理由は、
モノの持ち方と定位置の決め方にあります。

出ているモノがほとんどなく、片づいた大木さんの家。特に、キッチンには最低限の調理家電と、観葉植物しか見当たりません。

じつは、食器やキッチンツールは、すべて収納の中。深型の引き出し式の収納は、重なるボックスやバスケットを使って、空間を活用するのがミソ。よく使うモノは上段、あまり使わないモノは下段と、使用頻度にあわせてしまうのが大木さん流のルールです。

また、「モノの定位置が家族にも分かるように、収納の仕組みをしっかりと考えています」と大木さんは言います。家族に「あれはどこ?」と聞かれたら、今の収納法や置き場所を見直すチャンス。「誰にでもわかりやすい」を心がけることが、家族みんなで片づけやすい仕組みの第一歩なのです。

買い物が好きなので、「むやみにモノを増やさないように、洋服も食器もしまう場所を確保してから手に入れる」のがルールとのこと。収納用品まで白、黒、グレーで揃えることで、すっきりと美しく保たれています。その結果として選ばれたお気に入りのモノたちが、引き出しやキャビネットの中で輝いて見えます。

DATA

神奈川県在住
夫婦＋子ども2人
戸建て住宅
3SLDK

閑静な住宅街に暮らす大木さんは、ふたりの息子を持つにぎやかなご家庭。整理収納アドバイザーである大木さんが工夫して収納の仕組みをつくっておくことで、家族みんなで自然に片づく家づくりを実践しています。

収納の中に仕切りを入れれば食器を選ぶのも、楽しい

わかりやすく、取り出しやすく。
モノの配置を決めれば、機能的です。

お皿・食器

底の深い引き出しは「2段重ね」でフル活用！

深い引き出しは、奥のモノも取り出せるよう、積み重ねられる収納を使うのが◎　よく使うモノを上段に①②

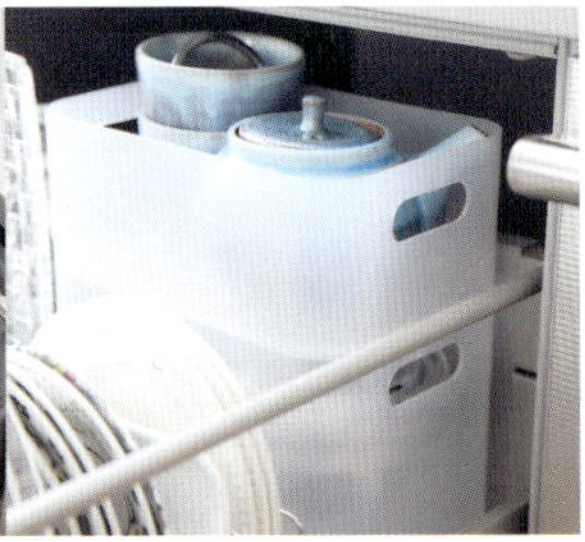

大きな皿はスタンド使いが取り出しやすい

間隔が細かい仕切りスタンドなら、大皿もOK。縦置きなのでお気に入りがスッと取り出せる④

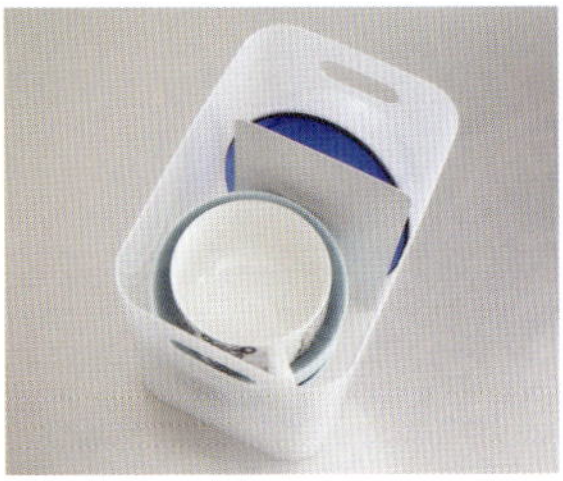

小さなカップはスタンドで仕切れば割れにくい

仕切りを加えるとケースの中で器がぶつからない。ケースは重ね置きできるのがメリット③

処分に迷うモノは1段にまとめればスムーズ

迷っていることすら忘れてしまいがち。判断できないモノにも定位置があると決断しやすくなる

Kitchen

調理道具

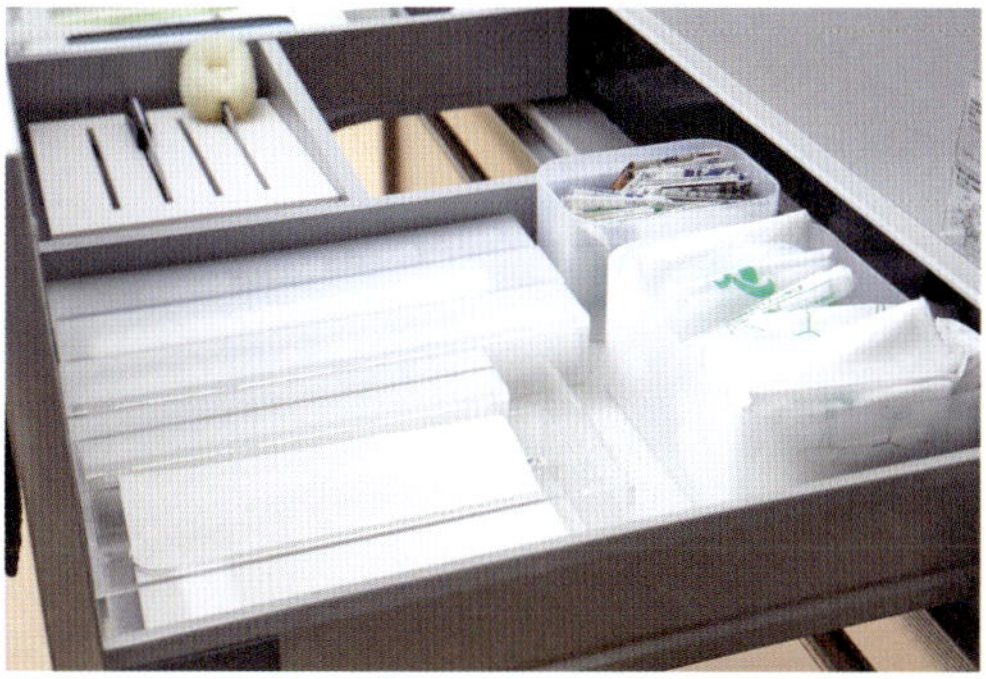

よく使うラップやゴミ袋は
ケースと箱で収まりバツグン

流し下の浅い引き出しは消耗品の定位置。サッと開ければ在庫がひと目でわかる ⑤

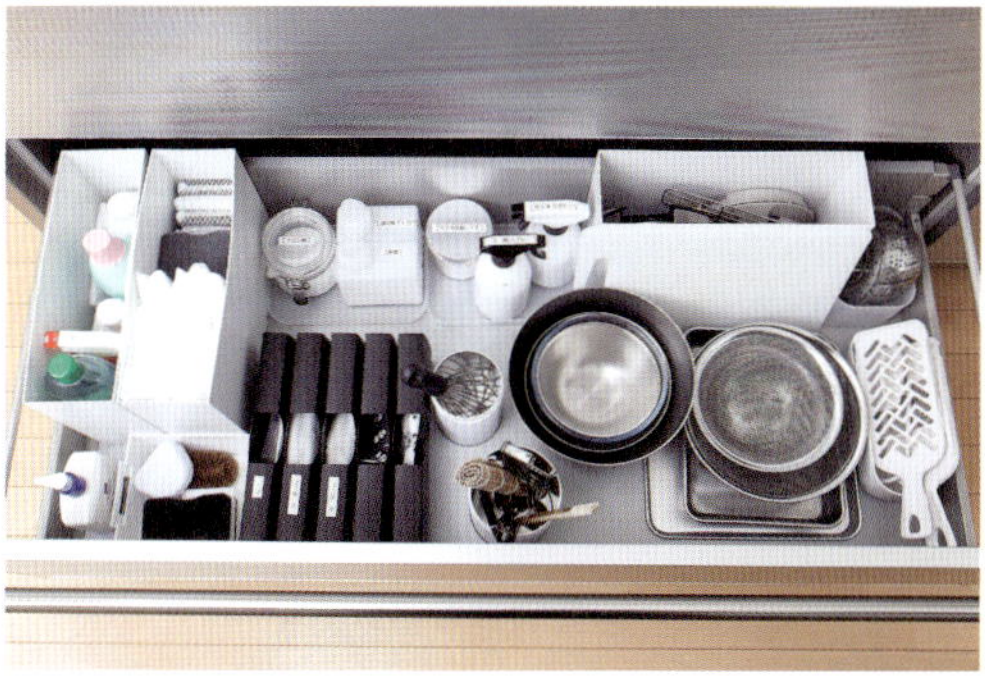

調理器具の脇のファイルが
お手入れ用具のベスト位置

幅広い引き出しではファイルボックスを使って区分け。流しで使うザル、ボウルなど調理器具の位置が定まる

キッチンツールは
ケース使いで一目瞭然

形もサイズもまちまちなツールはケース選びがポイント。縦横自在に並べて使いやすくレイアウト ⑥

ゴミ箱・調味料

細かく仕切れば隙間も活用

使いかけの粉ものはミニサイズのボックスにIN。スリムサイズの引き出しにピタリとはまるボックスで液ダレのお手入れも簡単に ⑥ ⑦

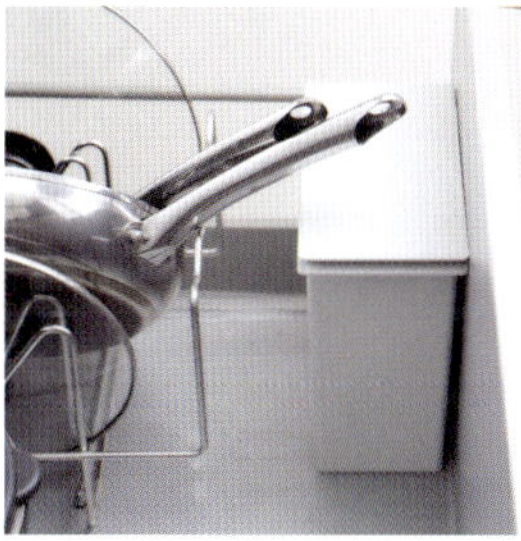

奥のコンパクトな保管庫は「用途」で分ければ機能性バツグン

モノの種類が混在する場所だから段ごと、箱ごとに分類すると便利です。

**書類入れは
中段ならゴミ箱までスムーズ**

捨てる動作がラクにできる位置関係にあるのが、最大のキーポイント ⑨

**軽食はそのまま
持って行けるボックスに**

育ち盛りの男の子たちが食べられるよう、常備する食品をひとまとめ ⑧

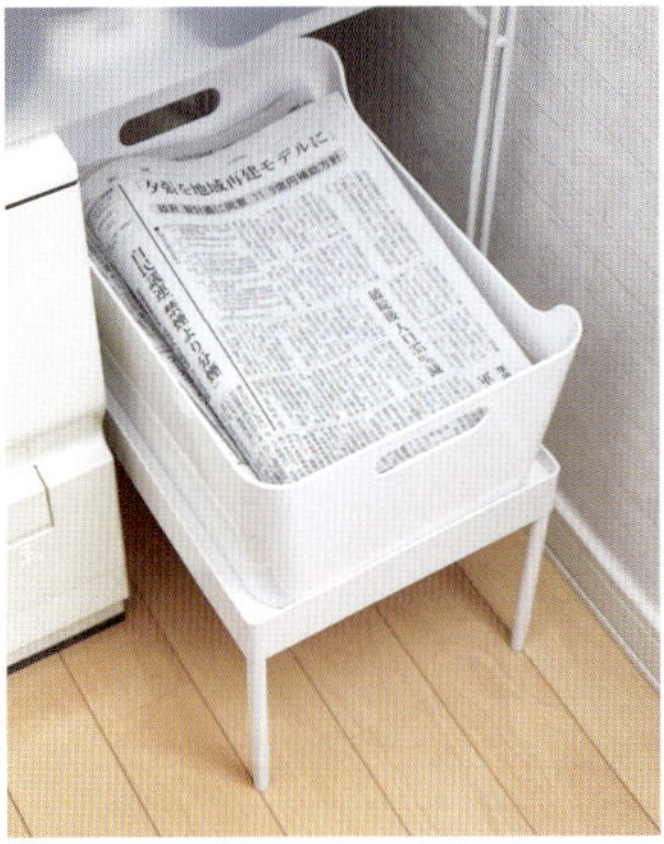

**下段の空いたスペースは
ラックで活用**

古新聞はストックの上限を決めて。脚付きのトレイならラク掃除 ⑪

**細々としたものは
小引き出しに分類収納**

引き出しの段でしまうモノのジャンルを決めて、ラベル表示で家族と共有 ⑩

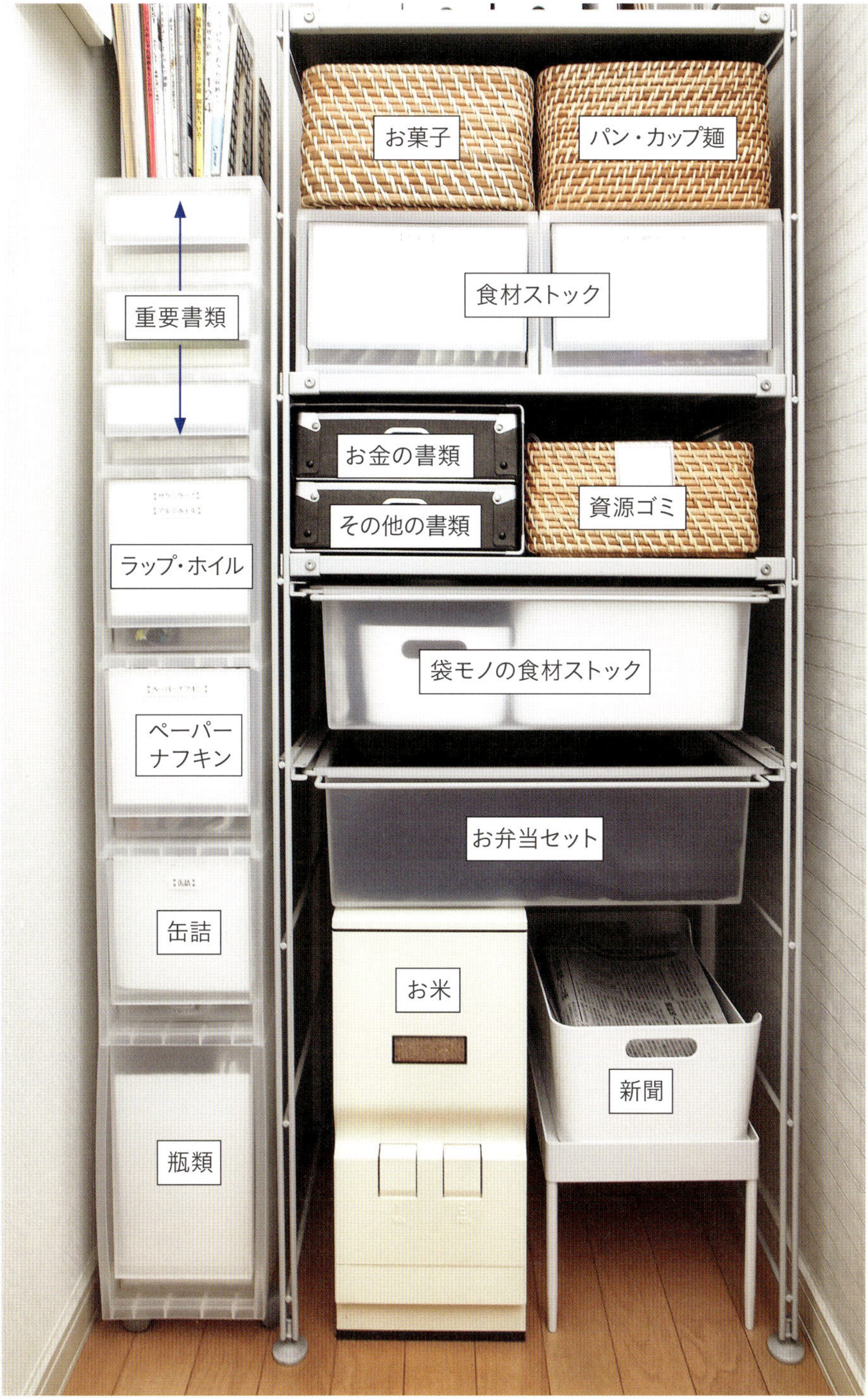
お菓子
パン・カップ麺
重要書類
食材ストック
お金の書類
その他の書類
資源ゴミ
ラップ・ホイル
袋モノの食材ストック
ペーパー
ナフキン
お弁当セット
缶詰
お米
新聞
瓶類

モノをボックスごとに仕分ければ片づくサニタリーが完成！

目指したのはホテルのような、クリーンな印象のすっきりとした洗面所。

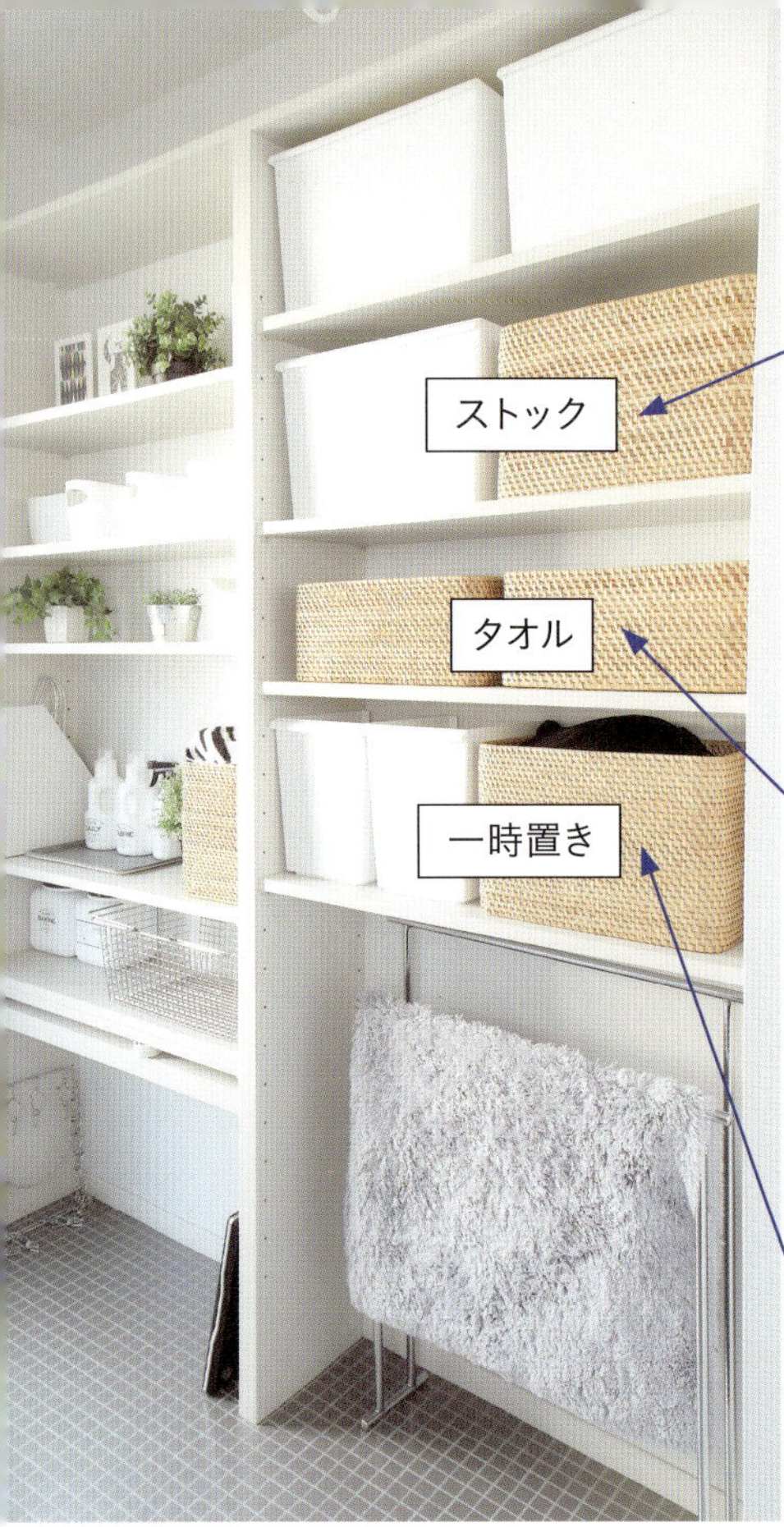

いただいたタオルをいったんストックして、必要なときにすぐ取り出せるようにスタンバイ

フェイスタオルで身体を拭くから数が必要。ボックスINボックスでタオルが傷まないように⑧

部屋着や寝間着を着替える場所だから、脱いだままにならないように一時置き収納がマスト

Sanitary

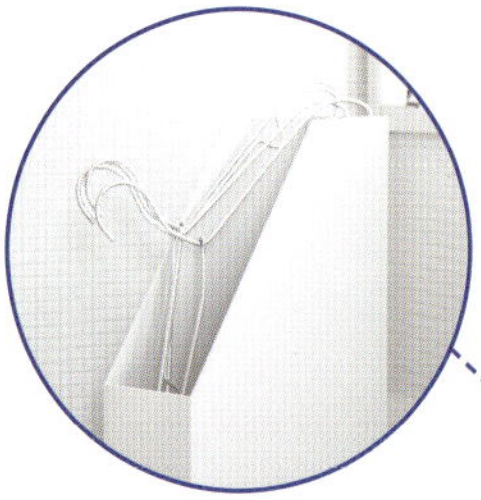

ランドリーグッズは
同じ段なら洗濯もラクラク

イメージはリゾートホテル！余分なモノを置かないから、手入れがしやすくて飾る余裕がもてる⑫

大木さんおすすめの無印良品

①

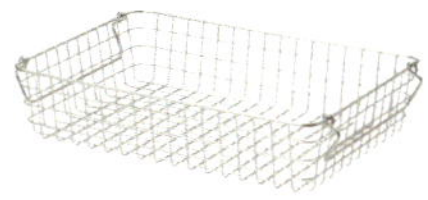

18-8ステンレスワイヤーバスケット2

約幅37×奥行26×高さ8cm
価格：2,000円

②

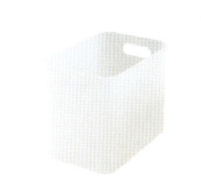

ポリプロピレンメイクボックス

約150×220×169mm
価格：450円
※1/2サイズのものを重ねて使用しています

③

スチール仕切板　中

幅12×12×高さ17.5cm
価格：263円

④

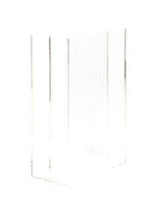

アクリル収納スタンド・A5サイズ

約幅8.7×奥行17×高さ25.2cm
価格：1,500円

⑤

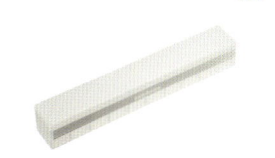

ポリプロピレンラップケース　大

約幅25〜30cm用
価格：450円

⑥

ポリプロピレンメイクボックス・1/4縦ハーフ

約75×220×45mm
価格：180円
※違うサイズも使用しています

⑦

ポリプロピレンごみ箱・角型・ミニ（約0.9L）

約幅7×奥行13.5×高14cm
価格：500円

⑧

重なるラタン長方形バスケット・中

約幅36×奥行26×高さ16cm
価格：2,900円

⑨

硬質パルプボックス・引出式・2段

約幅25.5×奥行36×高さ16cm
価格：2,620円

⑩

ポリプロピレンストッカーキャスター付・4

約幅18×奥行40×高さ122cm
価格：5,000円

⑪

ABS樹脂　A4脚付トレー

A4サイズ用・脚4本付属
価格：1,500円

⑫

ポリプロピレンスタンドファイルボックス・A4用・ホワイトグレー

約幅10×奥行27.6×高さ31.8cm
価格：700円

猫3匹と赤ちゃんが居ても、無理なく片づく。

掃除と片づけがラクで、自然に片づけられる、そんな気持ちにつながる道具を選ぶ。

「猫は気ままに動き回るし、赤ちゃんのモノも増えるから、大変なんです」と、0歳のお子さんの育児で忙しいGさん。ベビーベッドがなければ、そういう状況にあるとは思えません。赤ちゃんと、愛猫3匹に囲まれながら、部屋をきれいに保つ秘訣は何なのでしょうか？

Gさんが重視するのは、掃除や片づけがラクかどうか。気まぐれな家族のために、リビングには極力モノを置かず、よく使うモノはすべて棚の中に収納しています。こうすることで、スペースを広々使え、なるほど掃除もラクそうです。

おむつやお菓子など、頻繁に入れ替える必要のある消耗品は、フタ付きのラタンのボックスでまとめて管理しています。こうすれば、取り出しやすく、残量もひと目で確認できます。家族のモノは、専用の引き出しに定位置を設け、あるべき場所に戻すだけで片づけが完了します。

特に工夫が光るのは、主に赤ちゃんと猫のための道具をしまう、専用の棚。ざっくりと段ごとに家族のモノが分けられていて、それぞれのモノの量と、置いてある場所がひと目でわかります。

「子どもが成長するにつれ、モノが増えたり入れ替わったりすることになるので、今から準備をしておきたい」と、片づけへの意欲を語ります。

DATA

東京都23区内在住
夫婦＋子ども2人＋愛猫
マンション
3LDK
Room Clip
ユーザー名：gomarimomo
Room No.1035578

Gさんは、都内のマンションでふたりの娘とご主人と同居する4人暮らし。愛猫3匹はリビング周辺を中心に自由に動き回るので、出しっぱなしのモノは少なく、掃除もラクになるよう、工夫しているそうです。

リビング収納は
棚ひとつ
日用品の適量は、
収納で見極める

今の暮らしは赤ちゃん中心。
家事も育時もきちんとしたいから、
掃除と片づけやすい部屋がいい。

「入れ替える」モノは全部
ラタンケースで管理してキープ

食べてもいいおやつをカウンター上に常備。フタつきなので溢れない程度の分量をキープできる ①②③

下段のラタンケースは
おむつストックの最適場所

動線を考えて、リビングでおむつを交換するときに最短コースの所を定位置に。パッケージから出してストックしているから在庫数がすぐ分かる

Living Room

棚の中身はこうなっています

細かいモノや乱れやすいモノはケース使いで整頓 ④⑤⑥

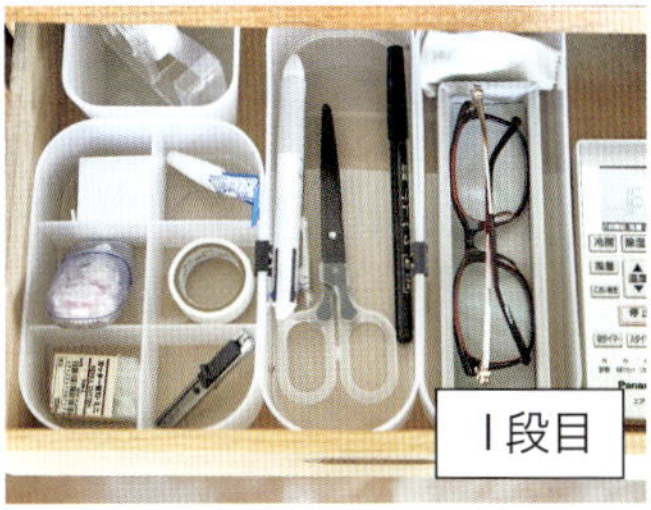

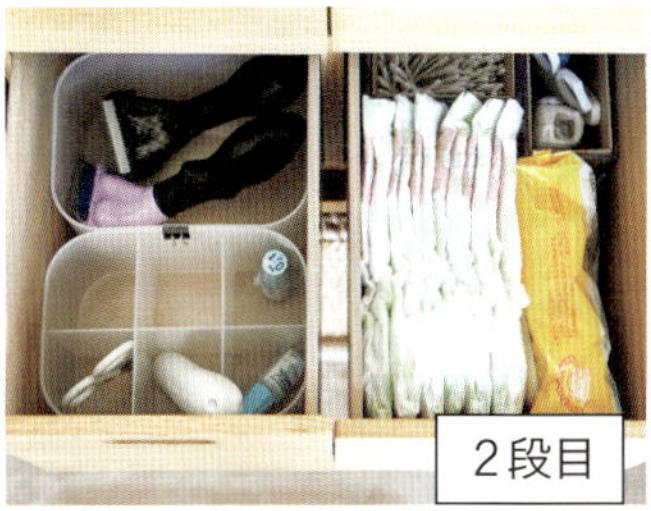

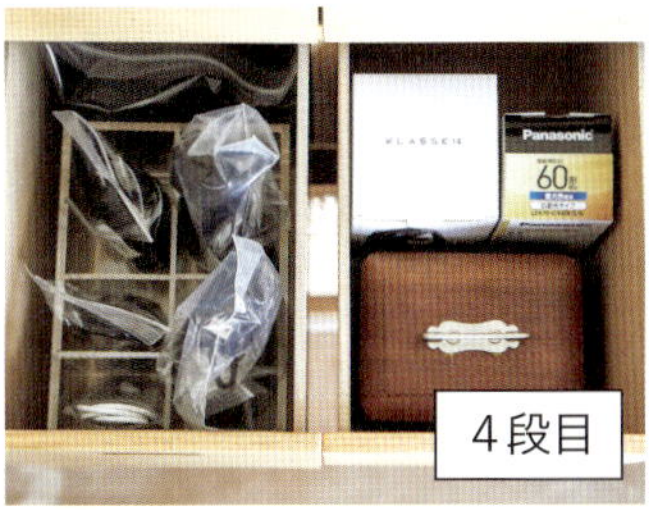

1段目／日用雑貨は小分けして細かく区画して収納すれば取り出しやすい
2段目／細かいケア用品は、「ポリプロピレンメイクボックス」シリーズなら分割でしまえる
3段目／おしりふき等の予備はココへ。残量がすぐにわかる
4段目／ケーブルはアクリルスタンドで立てて収納すればサッと使える

猫と赤ちゃんのモノは、段ごとで住み分けて量を把握

今は愛猫ルームとして、将来は子ども部屋になる予定。変化に備えて種類と量の把握が大事。

かさばるおくるみ類は
ファイルボックスでコンパクトに

ベビー服は小さくて軽いから、突っ張り棒を渡してハンガー掛けに。かさばるおくるみ類は、ファイルに丸めれば省スペース

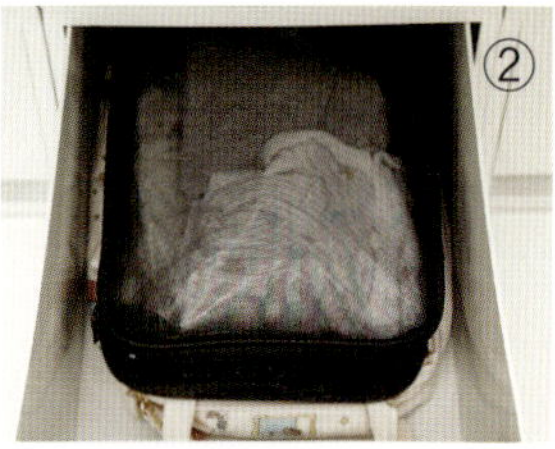

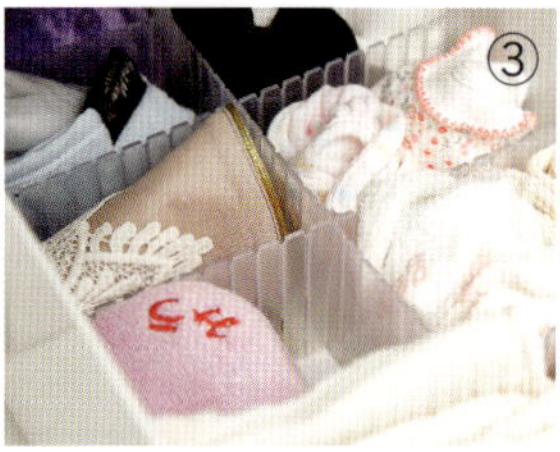

引き出しの工夫 ⑦⑧⑨⑩

①ソフトボックス内の仕切りとしてファイルボックスを活用
②ベビー用衣類の仕分け収納にトラベル用のバッグが大活躍
③仕切り板でベビー用の細かいアイテムを取り出しやすく

Cat & Baby Room

冷蔵庫はトレーで区切るだけで、すっきり片づく

すぐに買い足せるから、余分な在庫はもたないでもOK。

アクリルケースなら調味料もサッと出せる

チューブ状のアイテムは逆さに立てて収納すると、倒れなくて取り出しやすい ⑪

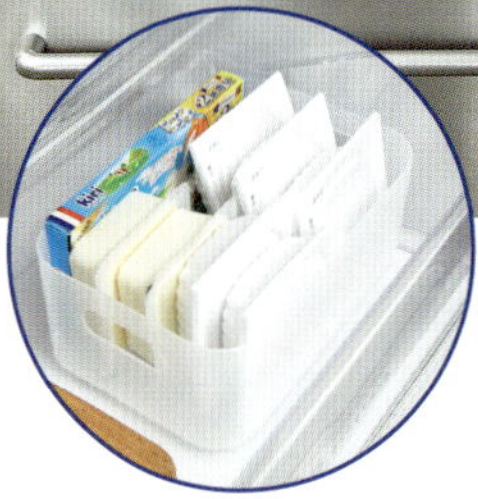

棚に直置きするとバラバラになりがちな納豆や豆腐など。メイクボックスでまとめて在庫数の管理に役立てる

Refrigerator

同じタイミングで使う食材はトレイにまとめると便利

味噌や調味料など必需品をまとめた整理ボックス。ボックスごと引き出せば、そのまま調理に取りかかれる ⑫

Gさんおすすめの無印良品

①

**重なるラタン長方形
バスケット用フタ**

約幅36×奥行26×高さ3cm
価格：1,000円

②

**重なるラタン長方形
バスケット・中**

約幅36×奥行26×高さ16cm
価格：2,900円

③

**重なるラタン長方形
バスケット・大**

約幅36×奥行26×高さ24cm
価格：3,600円

④

**ポリプロピレンメイクボックス・
仕切付・1/4横ハーフ**

約150×110×45mm
価格：200円
※ほか、ポリプロピレンメイク
ボックスシリーズを組み合わせて使用

⑤

**ポリプロピレンメイクボックス・
1/4縦ハーフ**

約幅75×220×45mm
価格：180円
※ほか、ポリプロピレン整理ボックス
シリーズを組み合わせて使用

⑥

**ポリプロピレンメイクボックス・
仕切付・1/2横ハーフ**

約150×110×86mm
価格：300円

⑦

**ポリエステル綿麻混・
ソフトボックス・L**

約幅35×奥行35×高さ32cm
価格：1,500円

⑧

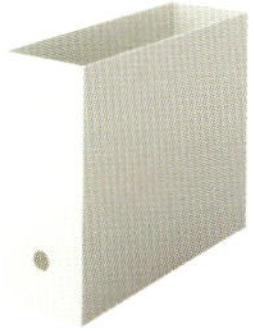

**ポリプロピレンファイルボックス
スタンダードタイプ・A4用・
ホワイトグレー**

約幅10×奥行32×高さ24cm
価格：700円

⑨

**パラグライダークロス
仕分けケース　ネイビー・
A5サイズ・ハードタイプ**

約27×20×4cm
価格：1,500円

⑩

ポリスチレン仕切板・大・4枚入り

約幅65.5×奥行0.2×高さ11cm
価格：800円
※P62の写真は旧仕様です

⑪

**重なるアクリル仕切付スタンド・
ハーフ・大**

約幅17.5×奥行6.5×高さ9.5cm
価格：800円

⑫

ポリプロピレン整理ボックス3

約幅17×奥行25.5×高さ5cm
価格：200円

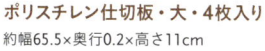

美しい住まいで豊かに暮らす、収納術。

上質であること、主張しすぎないこと、機能的であること。
何もかもが自然な形で空間に馴染む
心地よい暮らしのかたち。

DATA
茨城県
夫婦＋子ども2人
戸建て
3LDK

建築関係者の義両親とご主人が建てた2世帯住宅は、親子の共同作品。「モノ選びの基準はベーシックで、アレンジを楽しめること」。ソファカバーはまめに変えたり、北欧の小物で部屋を飾ったりして、日常に変化を。

あたたかみのある木の家と家具が調和した、ゆったりと落ち着くUさんの部屋。家のあちこちには大好きなウサギや北欧の雑貨が並び、眺めるだけで毎日が楽しくなりそうです。でも、雑貨がたくさん飾られているにも関わらず、不思議とゴチャゴチャした印象は受けません。じつは、生活感のあるモノを上手に隠すのが、美しい部屋をつくるコツなのです。

リビングのオープンな棚の中には、カゴや箱を使ってモノが直接見えないように工夫されています。どの部屋もその場所で使いたいモノが収納されているので、片づけることにストレスのない部屋づくりへとつながっています。「特に、中身が見えないファイルやラタンの収納は重宝しています」とのこと。たしかに、リビングには中身が透ける収納がほとんどありません。

反対にキッチンやパントリーでは、機能性と取り出しやすさを重視。オープンな棚や、ラベリングされた収納で、モノの配置をわかりやすくしています。「基本的には私しか足を踏み入れないので、わかりやすさが一番大切なんです」とUさん。ひと目で何があるかが把握できるパントリーでは、はじめて足を踏み入れても、迷うことはありません。

くつろぐ部屋で豊かに暮らすインテリアのコツ

光が差し込むゆったりとした癒しの空間。棚の上は飾る場所に。

**デスクは規格を揃えれば
インテリアに馴染む**

ご主人の作業机は部屋に馴染む質感が◎。大きさぴったりの「ポリプロピレンケース・引出式」と組み合わせて ②③

書類は「ボックス管理」が基本

ご主人製作の美しい棚。木の素地に馴染む色のファイルボックスで書類を分類収納 ①

Living Room

**シンプルな無印良品のソファは
季節ごとのカバーでカスタム**

存在感あるゆったりしたソファは、気分にあわせてお気に入りの柄のカバーやクッションをアレンジして。シーズンごとに楽しんで ⑤

**「壁に付ける家具」で
好きな場所に壁面ディスプレイ**

季節や行事で飾りを変える棚が空間のポイントに。金具が見えずすっきり ④

Pantry
レシピ本
お弁当セット
ストック食材
パンやお菓子
ビールや瓶モノの
調味料
洗剤
掃除用品
コーヒーや
お茶のストック
分別ゴミ箱

隠れたパントリーは
機能性重視のオープン収納で

なんでもしまえる、自分だけの収納専用部屋。
シェルフで分割してモノの住所を決めるのがポイント。

A

B

C

D

A
消耗品ストックは ファイルボックスにまとめて

補充の必要がある消耗品は、ボックスにまとめておけば補充タイミングがすぐわかる ⑥

B
パッケージは中の紙で目隠し

半透明の引き出しには、生活感が出やすいパッケージが見えないよう紙で目隠しして

C
ブリ材カゴは「よく使うゾーン」

パンやお菓子など、取り出す頻度が高いモノはスムーズに取り出せるブリ材を引き出しに ⑦

D
食器はアクリル棚で2段活用

アクリルの仕切り板を使えば、積み重ねず、下のお皿も取り出しやすい

E
保存容器はカゴでひとまとめ

いろいろな大きさの保存容器は、ざっくりと大きさ別に分類しておくと、いざ使いたいとき便利

F
カップはケースで 取り出しやすく

よく使うカップはケースに入れておけば、奥手のモノもスライドして取り出せる ⑧

G
ストック食材は 段ごとに分類して

1段ごとに入れるものを分けたストック食材の引き出し。ラベリングすれば中味もすぐわかる

H
布モノはクリップで空中収納

ミトンや鍋しきはクリップで留めておくだけ。シワにもならず機能的 ⑨

E

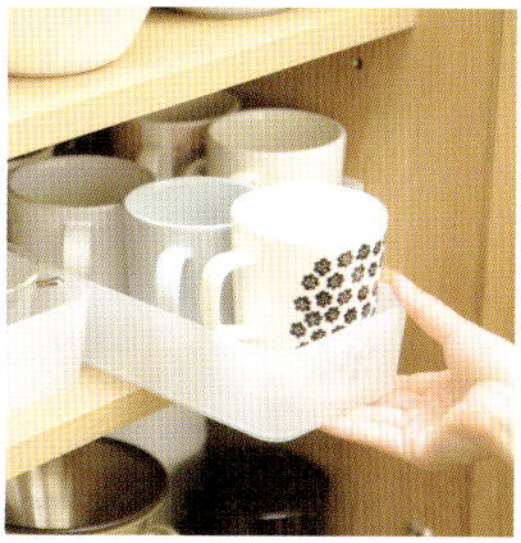
F

G

H

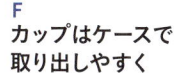

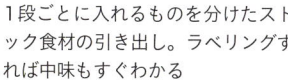

Kid's Room & Sanitary

家族共有の部屋は 位置を決めて片づけやすく

片づけやすい位置だけ決めて あとは家族の自主性におまかせの収納で。

「ポリプロピレン収納ケース引出式」シリーズを組み合わせたサニタリー収納。引き出しごとには、愛らしい100均のラベルカードを張って、中味をわかりやすくする工夫が ⑩

おもちゃはメイクボックスで分類

カラフルなおもちゃは色や種類ごとにボックスへ収納して。子どもも目当てのモノが見つかりやすい ⑪

片づけは、入れるだけ掛けるだけ

子どもが自分でできるよう、ワンアクションで「入れる」「かける」で片付けが完了する仕組みづくりを ⑫

透ける素材の収納は 好みの柄の紙で目隠し

入っているのはパジャマや肌着。半透明の収納の透け感が気になるなら、好きな柄の紙をクリアファイルに入れて張れば可愛い目隠しに

Usagi worksさんおすすめの無印良品

①

ワンタッチで組み立てられるダンボールファイルボックス・5枚組　A４用

約幅10×奥行32×高さ25cm
価格：890円

②

無垢材デスク（引出付）・オーク材

幅110×奥行55×高さ70cm
価格：25,000円

③

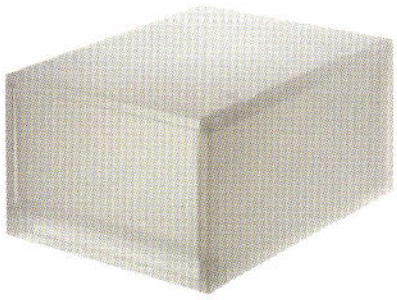

ポリプロピレンケース・引出式・深型

約幅26×奥行37×高さ17.5cm
価格：1,000円
※他のサイズと組み合わせて使用

④

壁に付けられる家具・棚・幅88cm・オーク材

幅88×奥行12×高さ10cm
価格：3,900円

⑤

ソファ本体・2.5シーター・ワイドアーム・ダウンフェザーポケットコイルクッション

幅190×奥行88.5×高さ79.5cm
価格：83,000円
※ カバー、脚は別売りです

⑥

ワンタッチで組み立てられるダンボールスタンドファイルボックス・5枚組　A4用

約幅10×奥行28×高さ32cm
価格：890円

⑦

重なるブリ材角型バスケット・中

約幅35×奥行37×高さ16cm
価格：1,400円

⑧

ポリプロピレン整理ボックス４

約幅11.5×奥行34×高さ5cm
価格：180円

⑨

ステンレスひっかけるワイヤークリップ　4個入

約幅2.0×奥行5.5×高さ9.5cm
価格：400円

⑩

ポリプロピレン収納ケース引出式横ワイド・小

約幅55×奥行44.5×高さ18cm
価格：1,500円
※同シリーズの商品と組み合わせて使用

⑪

ポリプロピレンメイクボックス・1/2

約150×220×86mm
価格：350円

⑫

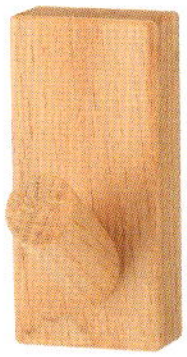

壁に付けられる家具・フック・オーク材

幅4×奥行6×高さ8cm
価格：900円

和室でも、収納次第でキレイが続く。

モノを厳選しているから、和室でも快適に、自分らしいテイストがすぐに整う。

「モノを持ちすぎず、ゆったりとシンプルに暮らすことが理想」というKさん。その言葉どおり、余白のある白い部屋は、整頓されていて、思わずうっとりしてしまう美しさです。

そんなKさんが実践している収納のコツは、「ひとつの容れ物には、1種類」。キッチンの引き出しや、タンスの中の小物入れにも、必ず同じ種類や用途のモノしか入っていません。何かをしようと思ったとき、これならば、すぐに使うモノを見つけられそうです。

しかし、取材中に「はじめはモノがとても多かった」という話をうかがい、驚きました。「主人の転勤で引っ越して、それからモノを減らし始めたんです」と、経緯を話してくれました。今では、収納のなかにも何もない棚があるくらい、家はこざっぱりとしています。

「主人は掃除や整頓が好きなので、こうやってモノを少なくすると、片づけるのもお掃除もラクで、とても上手くいくんです」と笑顔のKさん。「モノの置き場所を決めてもらったら、その通りに整理するようにしています」と、ご主人の優しいまなざしに感謝の気持ちがこめられていました。

無理をしているのではなく、気持ちよく過ごすために、今日も自然と身体が動いている様子が目に浮かびます。

DATA
千葉県在住
夫婦
マンション（社宅）
2LDK

転勤の多いご主人の影響で、モノを厳選して暮らしはじめたKさん。「掃除や整理をしやすい部屋づくり」を心がけ、ご主人も自然と協力してくれるそう。モノが少ないことで、掃除がラクになる相乗効果も。

モノの量はここに「収まる分だけ」を持つ

モノの量を管理すれば和室もすっきり。ソフトボックスにはボトムス、デニム、部屋着を収納しています。

**折り畳んでOKの服は
ソフトボックスに「入れられるだけ」**

ジーンズやネルシャツなど、折り畳める衣服はソフトボックスで管理。「ここに入るだけ」で着まわせるように心がければ、むやみに服が増えない ①

**狭い洗面所でもOK！
身だしなみ用品は和室で準備**

たとえサニタリーが狭くても大丈夫。先入観にとらわれることなく柔軟に考えてみると、最適な場所が見つかる ②③④

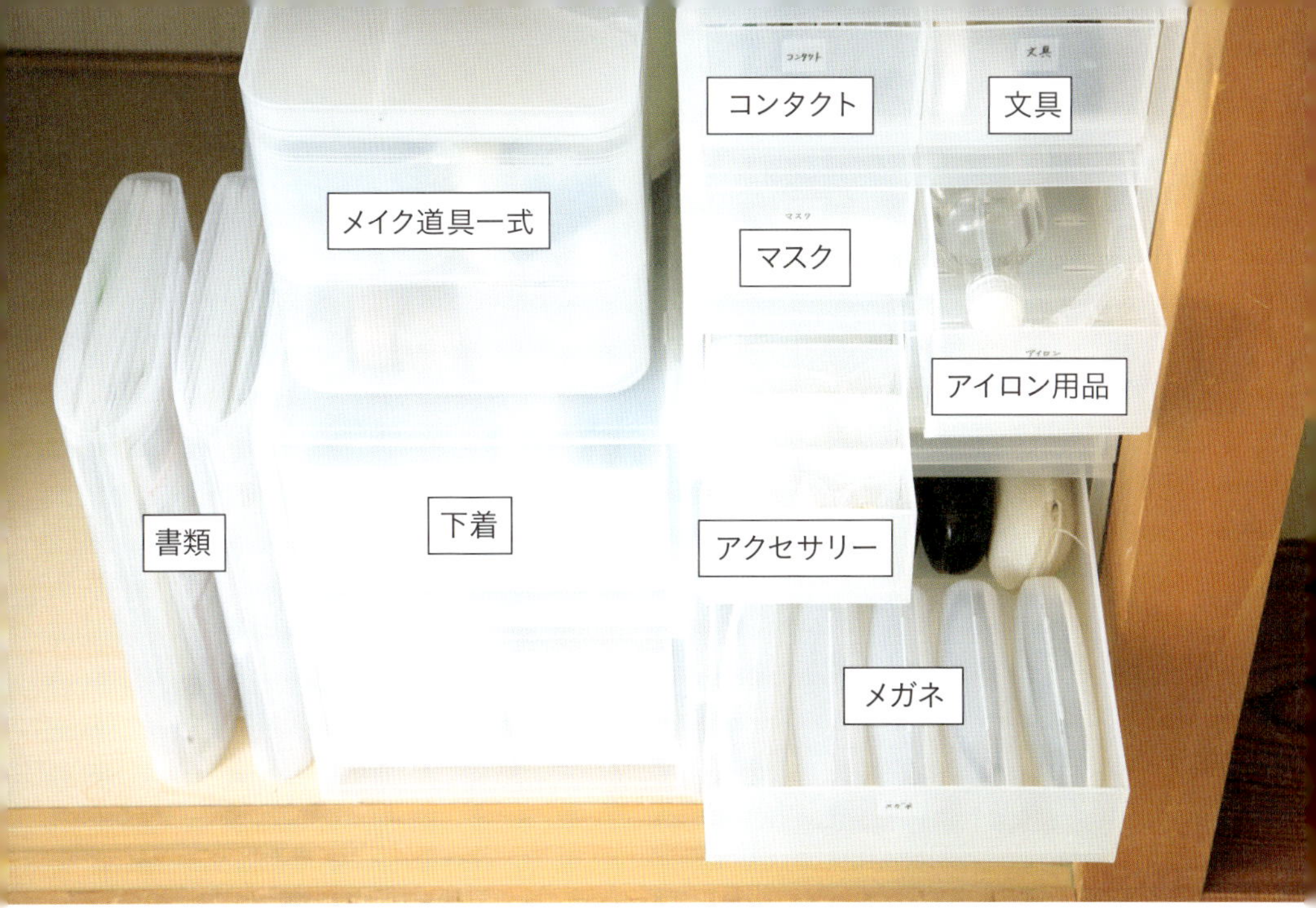

1段1カテゴリーで
「あれどこ?」のない収納に

引き出し1段には1種類のモノだけを収納し、そこにしまえる分だけをストックに。ラベリングすることで、探しモノはほぼゼロに ⑤⑥

床に座る和室では
「コの字の家具」が机代わりに

「コの字の家具・積層合板・オーク材」を並べてパソコンデスク代わりに。天板の下はファイルボックスなどを置けば収納になり、高さもほどよい ④

Closet

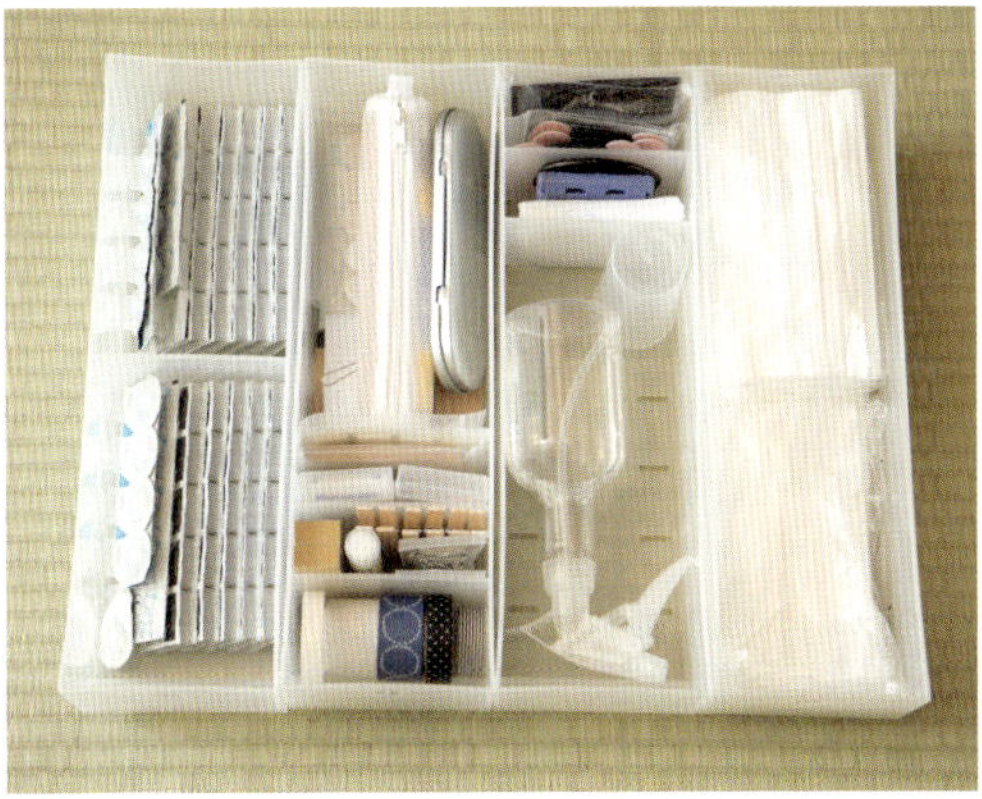

小物は仕切りで区切れば
ゴチャつかない

引き出しに付属している仕切り板のやりくり上手。しまうモノに合わせて、2区分や5区分にして無駄なく使いきるというやり方

余白を残して収納すれば取り出しもスムーズ

モノ同士の間隔をあけているから取り出しやすくて戻しやすく、自然と片づきます。

Kitchen

お茶セットはバスケットなら準備もラクチン

目に入るところにあるから、いつもキレイにしておきたくなる ⑦⑧

ラクに片づく吊り下げ収納

使い慣れた2種類の布巾と常温野菜をラック脇に。調理台からクルリと振り向いた所にあるからちょうどいい ⑨

よく使う調味料は丸ごと出せるバスケットへ

手入れのしやすいステンレスはキッチン向き。メッシュで風通しがいいから、湿気の多い場所でも使える ⑦

フライパンはファイルボックスに立てて取り出しやすく

キッチン専用のラックがなくてもボックスがあればOK。どんなキッチンでも使いやすくアレンジできる ⑩

Sanitary

見えない隙間なら洗面所もすっきり収納

棚や隙間を活用して、生活感を上手に隠す。

掃除用具はかけるだけ、がベスト

置き場所を見つけるのが難しいから死角を有効利用。気づいたときにサッと掃除したくなるベストポジション ⑪

ボックス使いなら取り出しラクラク

ヘアアイロンは縦型のファイルボックスに、フロアワイパー用シートは下段のボックス、上段にはメラミンスポンジをしまってキャビネットの高さを活かして収納 ⑫

Kさんおすすめの無印良品

①

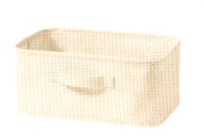

ポリエステル綿麻混・ソフトボックス・長方形・小
約幅37×奥行26×高さ16cm
価格：1,000円

②

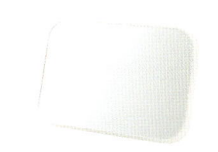

ポリプロピレンメイクトレーミラー
約150×220×20mm
価格：800円

③

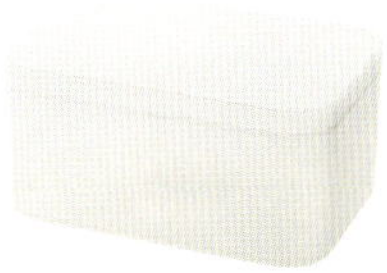

ポリプロピレンメイクボックス・蓋付・大
約150×220×103mm
価格：450円

④

コの字の家具・積層合板・オーク材・幅70cm
幅70×奥行30×高さ35cm
価格：9,000円

⑤

ポリプロピレンケース・引出式・浅型
約幅26×奥37×高12cm
価格：900円

⑥

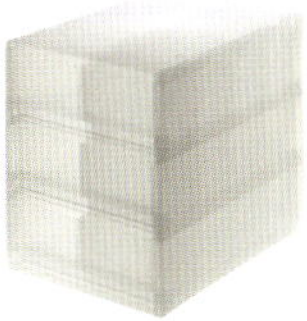

ポリプロピレンケース・引出式・浅型・6個(仕切付)
約幅26×奥行37×高さ32.5cm
価格：3,000円

⑦

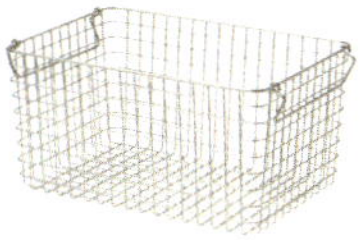

18-8ステンレスワイヤーバスケット4
約幅37×奥行26×高さ18cm
価格：2,600円

⑧

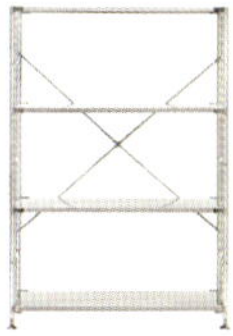

ステンレスユニットシェルフ・ステンレス棚セット・ワイド・中
幅86×奥行41×高さ120cm
価格：24,000円

⑨

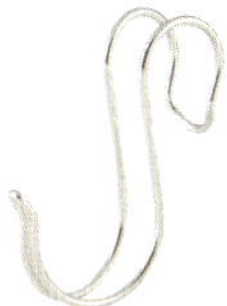

横ブレしにくいフック大・2個
約直径16×24mm
価格：350円

⑩

ポリプロピレンスタンドファイルボックス・A4用
約幅10×奥行27.6×高さ31.8cm
価格：700円

⑪

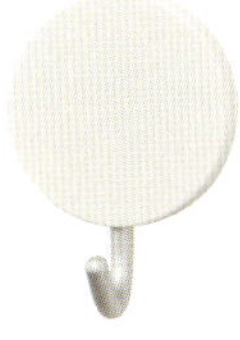

アルミ　フック　マグネットタイプ大・2個
耐荷重：約500g
価格：400円

⑫

ポリプロピレンスタンドファイルボックス・A4用・ホワイトグレー
約幅10×奥行27.6×高さ31.8cm
価格：700円

アイテム：①

暮らしにあわせて変えていく、収納上手のアイディア。

カスタムできる収納なら子どもの成長や家族にあわせて、片づきやすい部屋をつくれます。

無印良品の家で暮らす「三鷹の家大使」こと藤田さんご一家は、モニターとして住み始めたあとに購入を決断されたという経緯があります。

藤田さんご夫妻は、ご主人は整理整頓好きで、奥様はおおらか。奥様のあみいさんは、「片づけは苦手だったのですが、はじめに収納の仕組みを作ったので、片づくようになりました」と言います。

モノが多い藤田家では、「定位置に戻す」だけで、カンタンにモノが片づく仕組みが作られています。キッチン収納はシェルフがメインで、そこにピタリとおさまる収納用品を組み合わせて、おおまかにモノの位置を決めておくというやり方。家族共有のリビング収納は、スタッキングシェルフに収納用品を組み込んで使っています。自分の片づけスタイルに合わせてアレンジできるのが、無印良品のいいところだと言います。

子どもが自分でできる片づけ方も大切。家族の成長やモノの量にあわせて変化していく収納が理想です。「無印良品のアイテムは買い足したり、組み替えたりして調整できるので、将来は部分的なリフォームもしたいと考えているんです」と、今後の展望を語ってくれました。

DATA

東京都在住
夫婦＋子ども1人
一戸建て
2階建て

2012年に「三鷹の家大使」として選ばれてから、この家に暮らす藤田さん一家。家のなかの家具や収納は「無印良品以外のモノを探すのが難しい」というほどのムジラーで、マネできそうなアイディアが満載です。

Kitchen

カンタンに“揃える”収納で もう散らからない

**シェルフにあわせて同じタイプの
収納を揃えるだけで、簡単に片づくように。**

マグネットひとつで生み出せる空中収納

調理中にすぐ手に取りたいツールは、目先に吊るしてあると便利。洗ったあとも引っ掛けるだけなのですぐ片づく ④

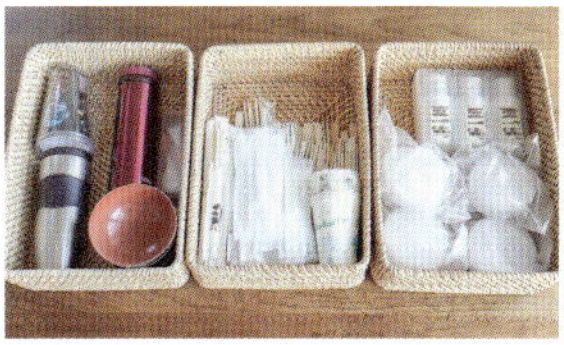

使用頻度が低く軽いモノは邪魔にならない上段に収納

めったに使わなくても、ないと困る小物類はバスケットを使って分類収納。軽いから上のほうでOK ②

ゴミ分別は死角なら目立たない

調理中に出たゴミがすぐにその場で捨てられると便利。分別までできるからパーフェクト ③

食材は腰高の使いやすい位置で時短料理

調理中に振り向いた所に食材があるから時短になる。ごちゃつきは布で目隠しをしてスッキリと

掃除用品はまとめて頑丈ボックスにざっくりと

子どもには触ってほしくない洗剤があっても、しっかりとフタをすれば安心。買い置きをざっくり収納 ⑥

収納は“用途”でグループ分けで用意がラク

1枠1種類で分類収納。同じバスケットを使っているから、使い勝手に応じて配置換えするのが簡単

重い調味料はトレーで引き出しやすく

小分け容器への注ぎ足し用ストックは、見える所で在庫管理。液ダレしても安心なトレーで ⑤

みんなが使う収納は取り出す手間もモノも無駄なく整理

おしゃれに片づいて見せるコツは隠せる収納用品を互い違いに配置すること。片づけもインテリアもリズムが大事。⑦

4段引き出しは
細かいモノの整理に最適

書類を入れる引き出しには祝儀袋や数珠など、とっさの時に必要なアイテム用の一段があるといい ⑧

1引き出し＝1アイテムで
もう迷わない

メイク道具、カメラ用品、アロマグッズ用にそれぞれ一段。その他のモノにも一段あるから片づけやすい ⑩

大切なモノは
下段の“思い出”コーナーへ保管

いつも過ごす場所の近くに思い出の品々があるから、いつでも手軽に懐かしさに触れることができる ⑨

Library

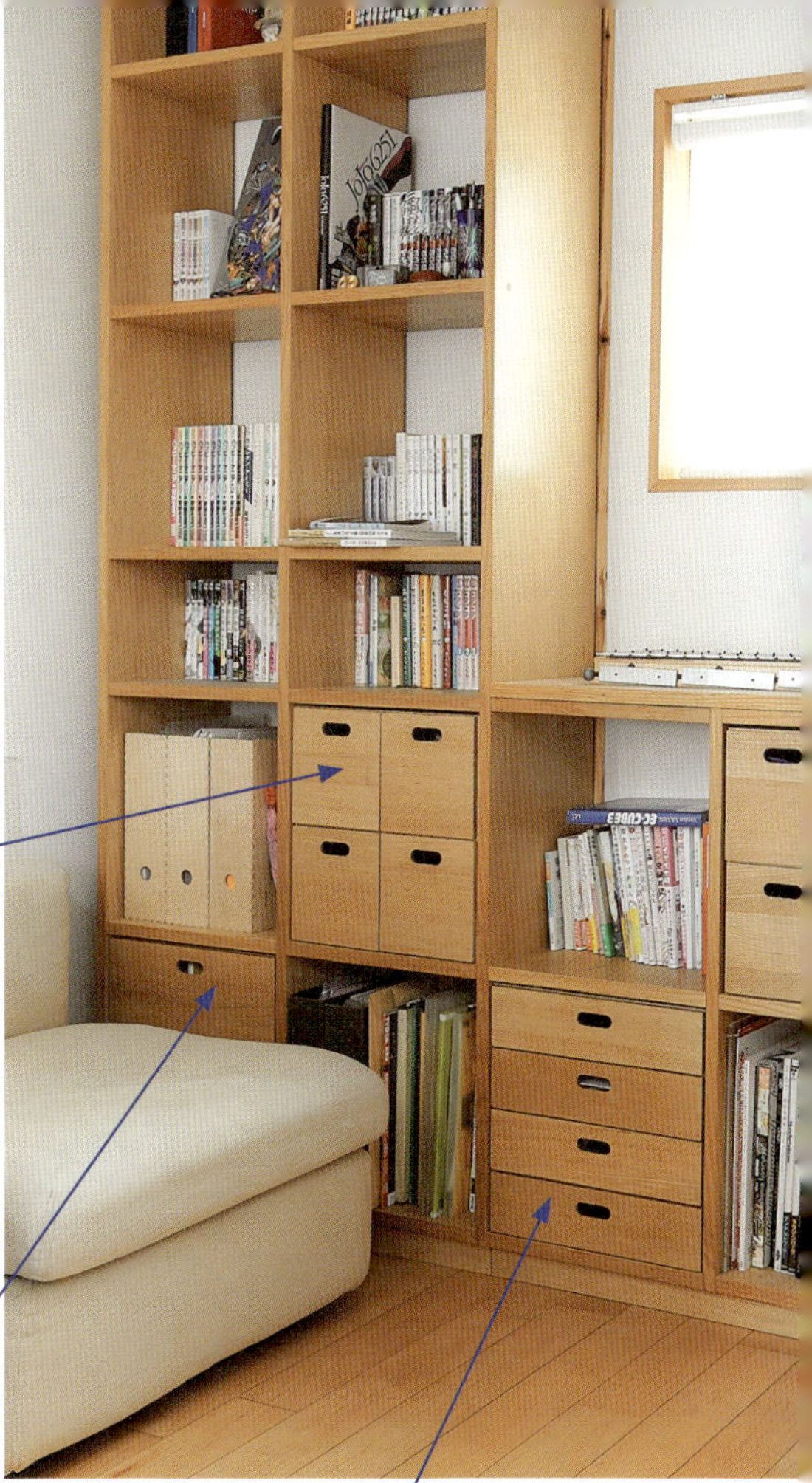

メガネなどの雑貨は
椅子から取り出しやすい位置

深さのある引き出しには、裁縫箱やポーチなどをしまうのにちょうどいい。ここも一段一種類で

子どもの作品は
"ここに収まる分だけ"!

次々と創作される子どもの作品。しまっておく量を決めて、傑作中の逸品だけを残してあげる場所をキープしておきたい

溜まるハガキや郵便は
1段ずつまとめて分量を管理

どんどん溜まる郵便物はひと目で分量管理できる引き出しに。空っぽの一段があると、ふだんの片づけにイライラしない

Kid's Room

階段下の子どもコーナーは頻繁にカスタムして

一日の大半を過ごすリビングは思いっきり広げて遊んで一緒にお片づけ。

棚の中は不織布ケースで仕切り

シャツ、肌着など子どもの小さい衣類は不織布仕切ケースで分類収納。大きさのある引き出しでも中はスッキリ

仕切ケースの中身は、ハンカチ・靴下など、用途別にすると◎。奥手は取り出しづらいのでたまに使うモノを入れよう

保育園通いの洋服はリビングの引き出し収納に

着替える場所に収納するのが身支度の最短コース。朝の通園準備にドタバタしない合理的なやり方 11 12

棚の中は
不織布ケースで
仕切り

藤田さんおすすめの無印良品

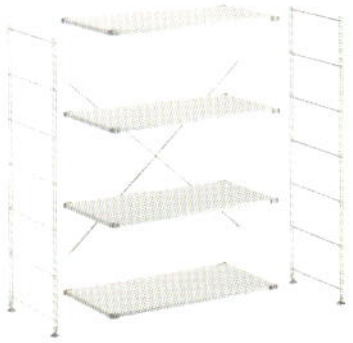

ユニットシェルフ

※写真はユニットシェルフのパーツを組み合わせて使用しています

重なるラタン長方形バスケット・小

約幅36×奥行26×高さ12cm
価格：2,600円

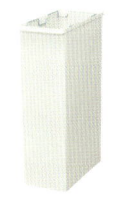

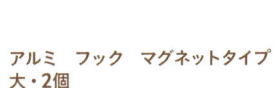

ポリプロピレンフタが選べるダストボックス・大（30L袋用）袋止め付

約幅19×奥行41×高さ54cm
価格：1,600円
※フタは別売りです

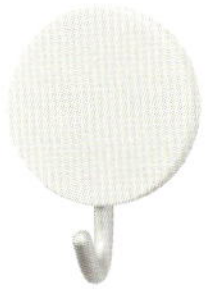

アルミ　フック　マグネットタイプ大・2個

耐荷重：約500ｇ
価格：400円

ポリプロピレン整理ボックス4

約幅11.5×奥行34×高さ5cm
価格：180円

ポリプロピレン頑丈収納ボックス・小

約幅40.5×奥行39×高さ37cm
価格：1,300円

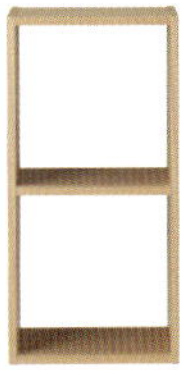

スタッキングシェルフ・2段（基本セット）・オーク材

幅42×奥行28.5×高さ81.5cm
価格：12,000円
※写真はさらにオーダー、および追加セットを使用しています。

スタッキングチェスト・引出し・4段／オーク材

幅37×奥行28×高さ37cm
価格：8,000円

スタッキングチェスト・引出し・2段／オーク材

幅37×奥行28×高さ37cm
価格：7,000円

スタッキングチェスト・引出し・4個／オーク材

幅37×奥行28×高さ37cm
価格：8,000円

ポリプロピレン収納ケース引出式・大

約幅34×奥44.5×高24cm
価格：1,200円

高さが変えられる不織布仕切ケース・中・2枚入り

約幅15×奥行32.5×高さ21cm
価格：850円
※右ページは旧仕様です

ちいさな部屋でも賢く暮らす、スキマ収納の作り方。

マンションでもスペースを上手に使って、広々機能的に。賢いママの、知恵と工夫がたくさん。

今の間取りだと、自分の部屋が持てないことに悩んだ小林さん。大胆にも、押入れを自分専用の空間にしました。今では、押し入れの中にしつらえた小さな秘密基地のような一角が、お気に入りのワークスペース。「手しごとが好きなので、手芸用品と仕事の道具を収納しています」。押し入れの中段がデスク替わりで、その奥には愛らしく整頓された道具が並びます。

スペースが限られるので、積み重ねられる小さな引き出しが重宝なのだとか。細かいモノが多い手芸道具も、種類ごとに1段ずつしまえば、どこに何があるかがすぐにわかります。「左側がクローゼットなので外出の支度もここで」。引き出し下段の取り出しやすい位置には、時計やアクセサリーなど身だしなみ用品を収納するなど、日常の動きを計算に入れた配置です。

動線を重視する工夫は、リビングにもありました。「娘は絵を描くのが好きで、道具は持ち運べるキャリーボックス収納が便利」。そのお絵かきセットは、リビングで使うことが多いそう。家族の動きを考えて収納に工夫をすれば、モノがあっても暮らしはすっきりと整います。

DATA

千葉県在住
夫婦＋娘2人
マンション
3LDK

娘ふたりの居る小林さんの部屋には、すっきりと整頓されていながらも、至るところに愛らしい雑貨と道具が。マンションの限られたスペースのなかでも賢く収納を活用し、お気に入りのモノと暮らしています。

押し入れを無駄なく活かして機能的な作業スペースに変身！

奥行きが深い押し入れは、手前と奥とで使い分けるとひと部屋増えるのと、同じくらい便利です。

Closet

B

カゴ＋アクリル棚を組み合わせてぐっと取り出しやすい

2段重ねにできるバスケットでも、ラックで上下に分けて置くと出し入れする手間が一つ省ける ②③

A

大事な書類は立てて見やすく整理

すぐに処理したい書類や繰り返し使うものは、ファイルボックスではなくスタンドで見える所に定位置を ①

D

お気に入りのアロマは
トレーでディスプレイ

アロマ用品は、木製のトレーにひとまとめ。そのまま使う場所へ持っていけて、便利

E

アクセサリーは徹底的に区分けして

傷がつきにくいケースで仕切って、アクセサリーの絡まりや引っ掛かりを予防⑤

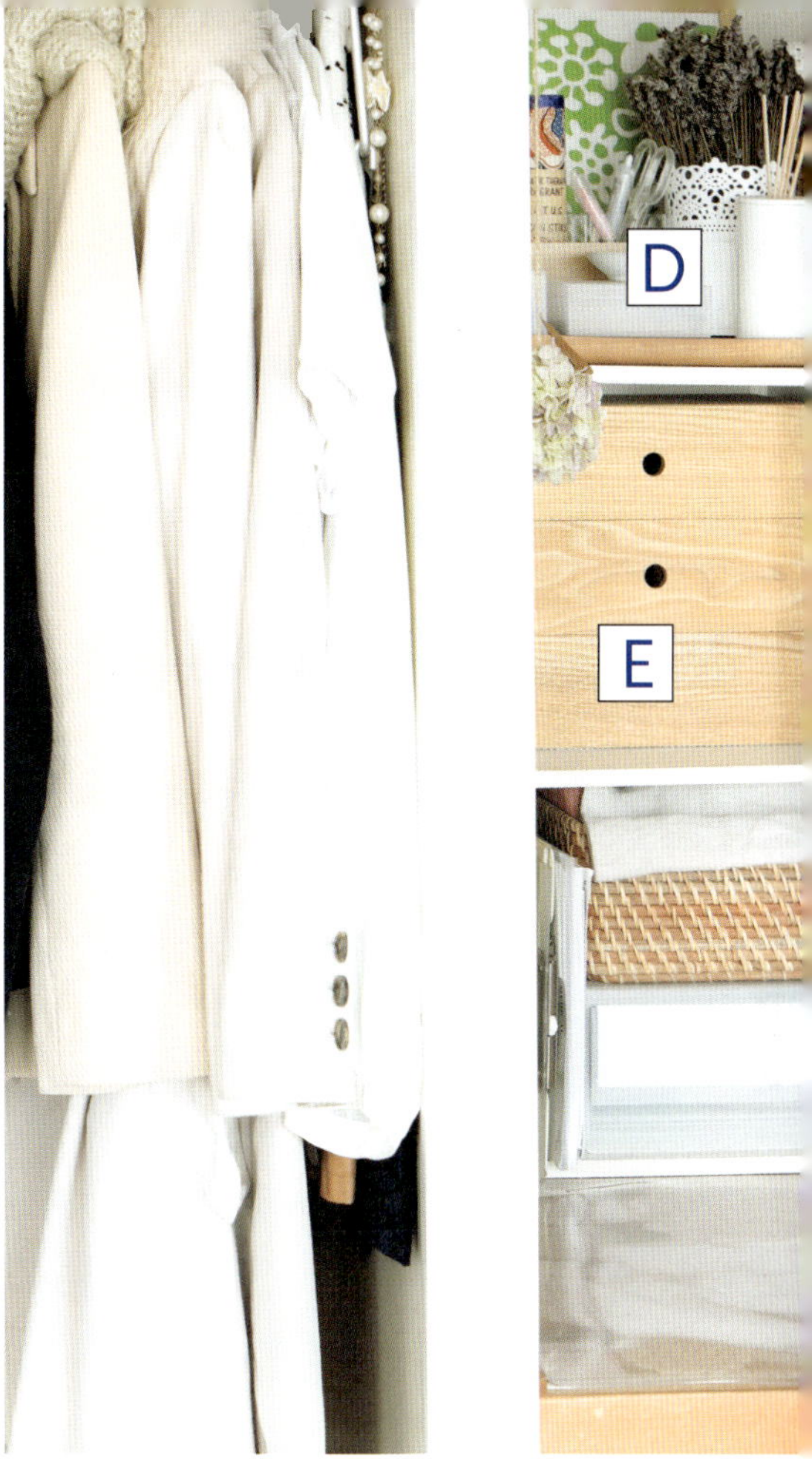

C

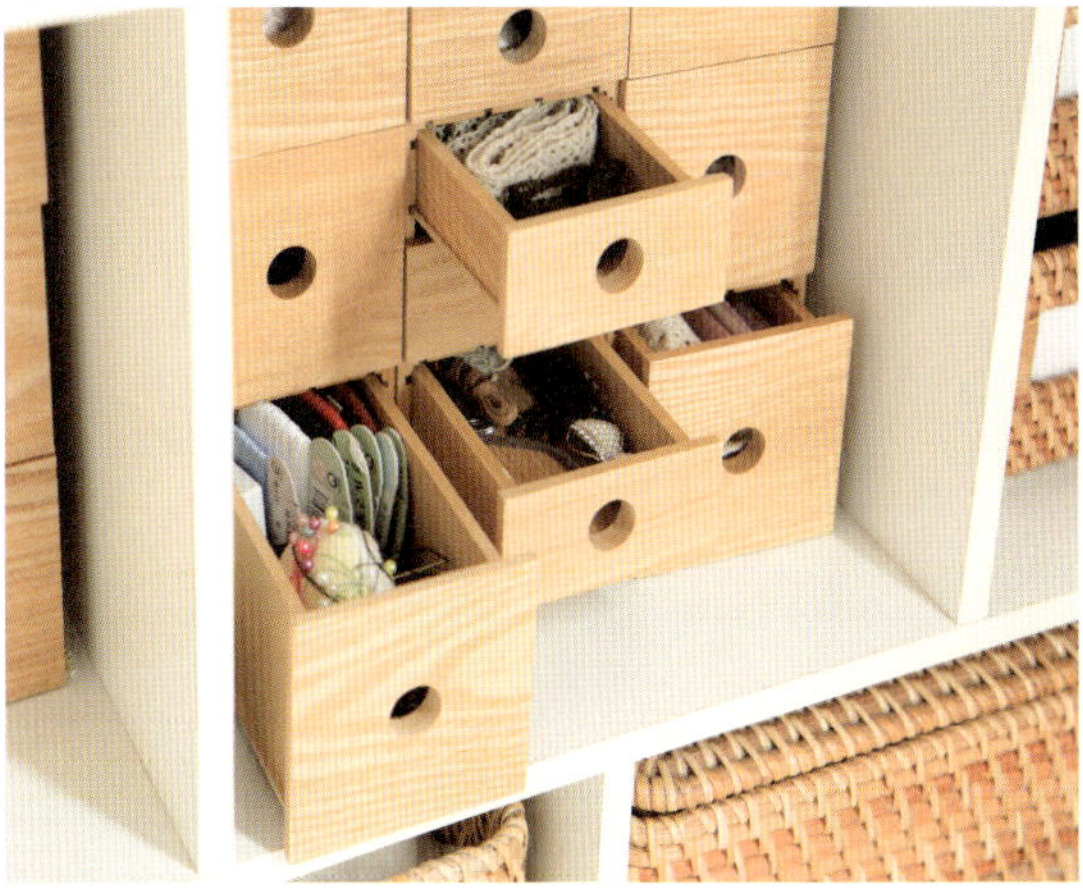

裁縫道具は1段ごとに
細かく分類すれば
手しごとがスムーズ

糸、針、ボタンなど細かいパーツがたくさんある手芸用品。ミニ引き出しを使って整理整頓④

Kid's Room

毎日使うカバンは
“ポンと置くだけ”でOK！

カバンの定位置は部屋を入ってすぐの場所。バスケットの中に入れるのが毎日のルーティーン ⑦

引き出し内は細かく仕切れば
ごちゃつかない

サイズの違う文具は、仕切り板で区画を調節。中身が変わったら仕切りなおしが簡単にできる ⑥

〝仕組み〟を作れば子どもが自分でお片づけ

スムーズに片づけやすい仕組みとモノなら、子どもも自分で整頓できる。

お気に入りの文房具は持ち歩きボックスに収納して

その日の気分で使う場所が違うことも。ケースごと移動できるから、道具があちこちに散らばることがない ⑧

ヘア用品などの小物はアクリルケースなら長持ち

中身が見えるから選びやすい。きれいなケースを使うと、ものを大切にする心が育つ ⑩

ファイルボックスをブックスタンド代わりに使うアイディア

教科書は立った姿勢で準備ができる位置に。フリースペースにある参考書もボックスで倒れ止め ⑨

Sanitary

使用頻度にあわせて棚は一段ごとに使い分け

洗顔後すぐに使うモノは目の前のキャビネット、腰かけてメイクするときのモノは腰下の引き出しに。

ストック品は腰より下の位置にまとめて

出し入れする頻度は低いけれど、ストックがないのも困りもの。引き出せば残量がひと目でわかる ⑫

さっと取り出したいモノは仕切りを入れて縦収納

メイク用品は立てておきたいアイテムが多い。さっと出してすっとしまえるから気分が上がる ⑪

小林さんおすすめの無印良品

①

MDF収納スタンド・A5サイズ
約幅8.4 x 奥行17 x 高さ25.2cm
価格：1,500円

②

ラタンボックス取っ手付・スタッカブル
約幅15×奥行22×高さ9cm
価格：1,500円

③

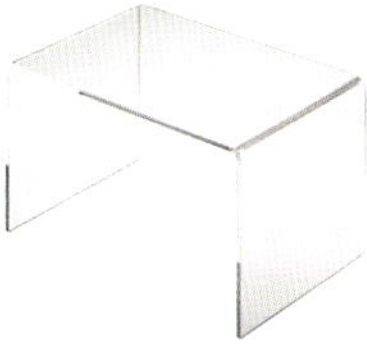

アクリル仕切棚
約幅26×奥行17.5×高さ16cm
価格：800円

④

MDF小物収納3段
約幅8.4 x 奥行17×高さ25.2cm
価格：2,500円
※MDF小物収納6段と組み合わせて使用しています

⑤

アクリルケース用・ベロア内箱仕切・縦・グレー
約幅15.5×奥行12×高さ2.5cm
価格：600円

⑥

ポリスチレン仕切板 大・4枚入り
約幅65.5×奥行0.2×高さ11cm
価格：800円

⑦

18-8ステンレスワイヤーバスケット4
約幅37×奥行26×高さ18cm
価格：2,600円

⑧

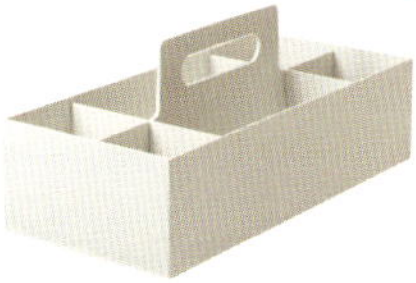

ポリプロピレン収納キャリーボックス・ワイド・ホワイトグレー
約幅15×奥行32×高さ8cm
価格：1,000円

⑨

ポリプロピレンスタンドファイルボックス・A4用
約幅10×奥行27.6×高さ31.8cm
価格：700円

⑩

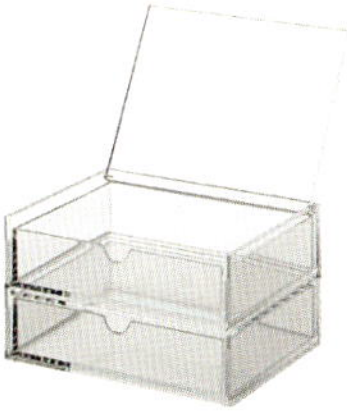

重なるアクリルケース2段フタ付引出
約幅17.5×奥行13×高さ9.5cm
価格：2,000円

⑪

重なるアクリル仕切付スタンド・ハーフ・大
約幅17.5×奥行6.5×高さ9.5cm
価格：800円

⑫

ポリプロピレン追加用ストッカー・浅型
約幅18×奥行40×高さ11cm
価格：700円

忙しいから、5分で片づく共働きの部屋づくり。

ふだんの片づけはざっくりとルールを決めすぎないのに、自然と片づく。

DATA

神奈川県在住
夫婦＋子ども1人
マンション
4LDK
設計：
スタイル工房

共働きながら、遊び盛りの男の子の居る安房さん一家。機能的なリビングは、まさしく、片づける手間をラクにするための部屋づくりのお手本。共用のアイテムは、無理なくご夫婦が各々で片づけられる仕組みに。

「リビングには大きな本棚が欲しかった」という安房さん。リビングの壁一面にスタッキングシェルフを据えた収納は、その夢をかなえたものです。さらに、共働きで2歳の男の子がいるのに、リビングは驚くほどすっきり！

「夫婦ともに忙しいので、時短は意識しています」と安房さん。ぬいぐるみやカバンなど、よく使うモノはソフトボックスにパパッと入れるだけ。おもちゃや絵本は、棚にそのまま置くだけで片づけ完了。散らかっても5分で片づく理由は、カギからおもちゃまで、モノの定位置があるから。通勤前や帰宅後が散らかりやすいリビングでは、使う所の近くにしまえる場所があるのがポイントです。

無理なく、きちんと片づく工夫は、キッチンにも。カトラリー類は、洗ったら木製ケースに入れて、使うときにはそのまま食卓へ。こうすれば、準備と片づけの手間がかかりません。でも、「冷凍する食材は、無印良品のマスキングテープに日付を書いて貼っています」と、平日の時短のためには手間を惜しみません。

やっておきたいこと、やらなくていいことを決めているから、無理なく気持ちよく片づくようになります。

Living Room

ダイニングテーブルから振り返れば取れる位置に、文房具セットを準備 ①②

片づきやすい
リビングは動線が決め手

椅子に腰かけたまま振り向けば、登園前の準備完了。
用具一式はカゴ収納ならざっくりしまえる。

子どものスタイは振り返ればすぐ取れる位置

人の居場所がモノの定位置。使いたいときの取り出しがスムーズに食事の始まりは子どもの支度から。スタイを付けてタオルを用意したら、ご機嫌よくスタート ③

出かけに取り出す
カギはセンターに

外出直前と帰宅直後に直行する位置に、忘れてはいけない携行品の一時置き収納を用意

ラックを使えば
文庫本がぴったり2段

おもちゃやカバン、書類など多用途に使われるリビング収納。本のサイズに合わせて調節が利く ⑤

カバンは見渡しやすい
下段に立てて収納

ふだん使いのカバンは、生活の中心となっているリビングに定位置を設けておく ④

子どもが自分で取れる
おもちゃの収納

布製のソフトなおもちゃは、子ども自身が思うように取り出して、広げて遊べるように ④

Kitchen

布モノは冷蔵庫脇に
吊り下げれば料理を中断しない

ダイニングからは見えない位置にあるから、吊るしてあっても気にならない。実用度が高いやり方⑦

見た目にスッキリするよう
ボトルは移し変えて

個性的なタイル張りのキッチン。見えてもいいように容器はホワイトで、清潔な印象を高めている⑧

サッと使いたいツールは
アクリルケースにひとまとめ

ホームフリージングのときに、日付を書くためのテープとペンをキッチンに。ハンドクリームも一緒に収納⑨

カトラリーはそのまま出せるケースに収納

カトラリー用ケースはキッチンでスタンバイ。洗ったらケースに入れて、食事のときにはそのままテーブルへ⑥

ツールはまとめて
放り込めるボックスが
あると便利！

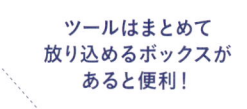

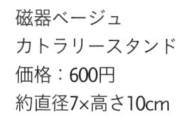

磁器ベージュ
カトラリースタンド
価格：600円
約直径7×高さ10cm

木製ケース
価格：1000円
約幅26×奥行10×高さ5cm

片づけやすい〝仕組みづくり〟がキレイなキッチンの決め手

繰り返し使うアイテムをワークトップにスタンバイ。ツールは入れ物にまとめて作業スペースをキープ。

Closet

家族のクローゼットはエリアで使い分ければ準備もスムーズ

見渡せる収納法で、あわただしい朝に身支度を時短にする。

奥の2列は、子ども用の服。ハンカチなど、家族が共用で使うモノは取り出しやすい手前のタンスをやりくりして ⑩ ⑪

一番上によく使うハンカチや服を集中させて

浅い引き出しで小物を取り出しやすく。クローゼット入り口の正面にあるから動線がスムーズ ⑫

動かせる仕切りは衣服収納の万能選手

サイズと種類が変わる子ども服は、仕切りを動かしたい。区画を調節しやすい仕切り板が便利

安房さんおすすめの無印良品

①

ラタンティシューボックス
約幅27.5×奥行14.5×高さ8.8cm
価格：2,000円

②

重なるラタン長方形ボックス・ハーフ・浅
約幅26×奥行9×高さ6cm
価格：1,000円

③

スタッキングチェスト・引出し・2段／オーク材
幅37×奥行28×高さ37cm
価格：7,000円

④

ポリエステル綿麻混・ソフトボックス・長方形・大
約幅37×奥行26×高さ34cm
価格：1,400円

⑤

スタッキングシェルフ・コの字棚
幅37.5×奥行28×高さ21.5cm
価格：3,500円

⑥

木製　ケース
約幅26×奥行10×高さ5cm
価格：1,000円

⑦

アルミ　タオルハンガー マグネットタイプ・約幅41cm
耐荷重：約1.5kg
価格：1,200円

⑧

PET詰替ボトル・泡タイプ ホワイト・400ml用
67.5×67.5×176mm
価格：400円

⑨

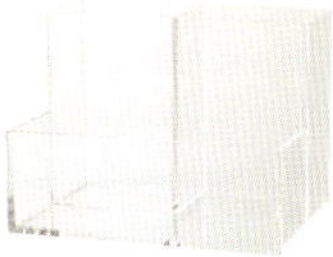

アクリル小物スタンド
約幅13×奥行8.8×高さ9.5cm
価格：1,000円

⑩

ポリプロピレンクローゼットケース引出式・大
約幅44×奥行55×高さ24cm
価格：1,500円

⑪

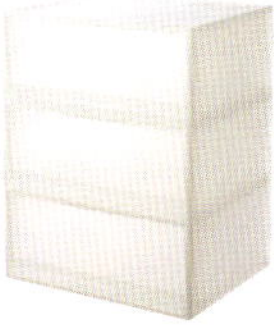

ポリプロピレン収納ケース・横ワイド・大・3段
約幅55×奥行44.5×高さ67.5cm
価格：4,500円

⑫

ポリスチレン仕切板・大・4枚入り
約幅65.5×奥行0.2×高さ11cm
価格：800円
※右ページは旧仕様です

生活感を上手に隠す、がんばらない片づけ。

収納が充分ではない間取りでも、オープン収納ですいすい片づく。

DATA
埼玉県在住
夫婦＋子ども1人
マンション
2LDK
Room Clip
ユーザー名：sachi
Room No. 248373

北欧テイストのSさんの部屋は、各部屋に大型の収納家具をひとつ置くことで、モノを集約。出しておくのは植物や飾るための雑貨だけ。いつもすっきり片づいた部屋では、身も心もほどけてゆきそうです。

白を基調に観葉植物が映える北欧スタイルのインテリア。Sさんの部屋はモデルルームのような美しい部屋ですが、意外にも「片づけはキッチリやりすぎないこと」がきれいな部屋を長続きさせるコツなのだそうです。

「共働きで娘がひとり居るので、引き出しの中までキッチリ整頓すると、かえって疲れてしまうんです（笑）。あえてざっくりさせることで、片づけのハードルを下げています」とこっそり教えてくれました。無理なく片づく部屋を保つために、置き場所に迷うモノのための〝一時置き場〟を多めに設けているそうです。入れるのは、すぐに片づけられないモノ、置き場所が決まっていないモノや、処分するか迷ったモノなど。リビングのシェルフや、和室の引き出しなど、いろいろな場所に作っておけば、「どの部屋も常に完璧に片づけないと！」という意識から解放されます。落ち着いたタイミングで、〝一時置き場〟にあるモノだけを片づければいいから気が楽なのだとか。

「平日は忙しいので、片づけは休日にまとめてやります。でも、帰宅したとき、部屋がきれいだとほっとします」とSさんは満足そうに語ってくれました。

リビングを広々見せる片づくアイディアを散りばめて

白と木目に黒やグレーを利かせて
モノがあっても整って見える部屋に。

収納ボックスを組み替えてぴったりのサイズ感に
①②

Living Room

毎日使う文房具は
アクリルケースでショップ風に

学校のプリントチェックや宿題の丸つけなどで使うグッズはママの座る場所に常備 ③

収納とディスプレイを兼ねた壁につける家具

出勤までの準備に欠かせないのが、時間の管理と温湿度のチェック。テーブル近くに飾りながら実用に ④

ダストボックスを
廊下のおもちゃ収納にするテクニック

昔から愛用していたキッチンのゴミ分別用を廊下へ移動して収納に転用。スリムで使いやすい

毎日使うバッグは
椅子の横にさりげなく
ひっかけて取りやすく

ちょうどいい位置と高さに付けられて自由度の高いフック。これひとつで収納効果がアップする ⑤

レゴは色別整理すれば
子どもも一緒にお片づけ

色に反応する子どもには片づけるのが楽しくなるやり方。パーツが小さいから紛失が防げる ⑥⑦⑧

Japanese-style Room

お気に入りの雑貨は
オープン収納なら眺めてもうっとり

内側にすっぽりとおさまる布ケースを手作り。自分のこだわりが反映されたナチュラルな入れ物に変身 ⑨

モノの大きさにあった入れ物で
しまう場所は
段ごとにざっくり決めるだけ

オープン棚はボックスを組み合わせるときれいに整う。事務用の箱や引き出しがおもちゃ収納に使える ⑩⑪

ここだけ片づければOK
“一時置き”はシェルフで管理

ざっくり定位置を決めれば、後は放り込めば片づく。

Sanitary

サニタリーは白い収納で統一すれば見た目もさっぱり

足りない収納は、ストッカーを積み足せば狭くても増やせる。

水まわりの収納にはポリプロピレンのシリーズが大活躍！

ポリプロピレンケース・引出式・深型・2個（仕切付）
約幅26×奥37×高17.5cm
価格：1,500円

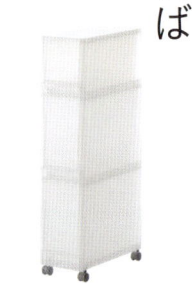

ポリプロピレンストッカーキャスター付・1
約幅18×奥行40×高さ83cm
価格：3,200円
※写真は「ポリプロピレン追加用ストッカー」を組み合わせて使用

メイク道具は小分けして立った姿勢で取りやすい位置に

メイク用ミニアイテムは仕切り付きのケースに立てて収納。洗面台ミラー前へケースごと移動して使う ⑫

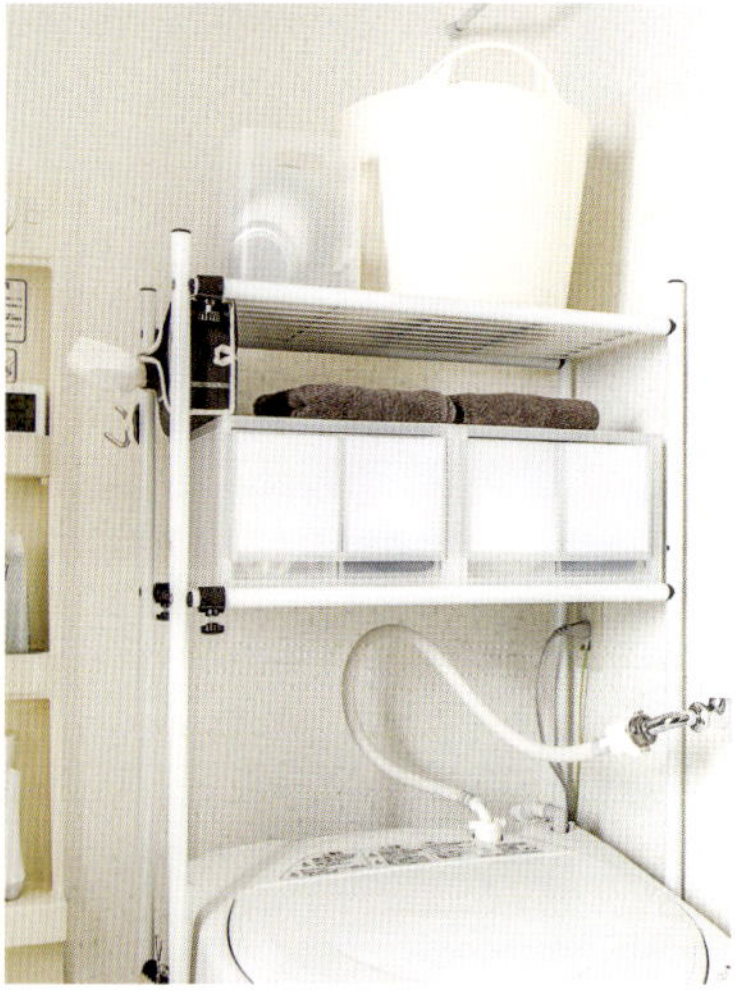

ボックスを横に並べてタオルは立てれば取りやすい

ケースは横置き。たたんだタオルは立て入れに収納すると取り出しやすい

Sさんおすすめの無印良品

①

ポリプロピレン小物収納ボックス6段・A4タテ

約幅11×奥行24.5×高さ32cm
価格：2,500円

②

ポリプロピレン小物収納ボックス3段・A4タテ

約幅11×奥行24.5×高さ32cm
価格：2,000円

③

アクリル小物ラック

約幅17.5×奥行13×高さ14.3cm
価格：1,500円

④

壁に付けられる家具・棚・幅44cm・オーク材

幅44×奥行12×高さ10cm
価格：2,500円

⑤

壁に付けられる家具・フック・オーク材

幅4×奥行6×高さ8cm
価格：900円

⑥

スチールユニットシェルフ・追加用帆立・小・グレー高さ83cmタイプ用

価格：1,575円
※写真はさらにパーツを組み合わせて使用しています。

⑦

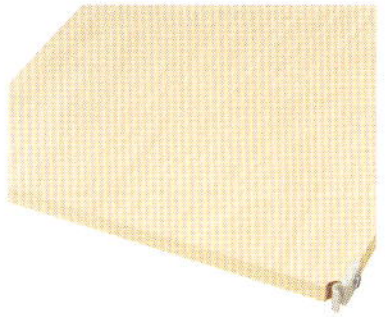

スチールユニットシェルフ・木製追加棚・グレー 幅42cmタイプ用
奥行41cmタイプ

価格：1,890円
※写真はさらにパーツを組み合わせて使用しています。

⑧

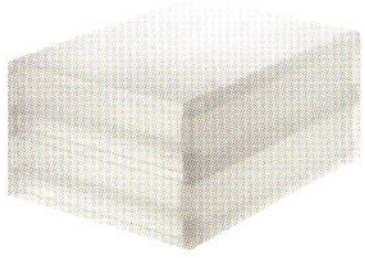

ポリプロピレンケース・引出式・薄型・2段

約幅26×奥37×高16.5cm
価格：1,200円

⑨

重なるブリ材長方形バスケット・中

約幅37×奥行26×高さ16cm
価格：1,200円

⑩

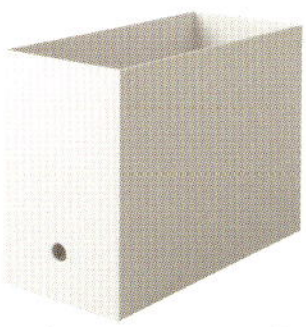

ポリプロピレンファイルボックス・スタンダードタイプ・ワイドA4用・ホワイトグレー

約幅15×奥行32×高さ24cm
価格：1,000円

⑪

ポリプロピレンケース・引出式・深型

約幅26×奥37×高17.5cm
価格：1,000円

⑫

ポリプロピレンメイクボックス・仕切付・1/2横ハーフ

約150×110×86mm
価格：300円

時間がない朝も慌てない、時短クローゼット。

バタバタしがちな朝でも慌てなくて大丈夫。取り出しやすく、時短準備を叶える収納のコツをうかがいました。

小宮さん宅は2年がかりで探したという、こだわりのある戸建て住宅。「お母さんが頑張りすぎないこと」をモットーに、忙しい朝の準備をスムーズにするため、収納の仕組みづくりが重要だと言います。クローゼットがあるのは、寝室と2つの子ども部屋で、それぞれが自室で支度をするそうです。「パジャマや下着類は、お風呂上りにすぐ着られるよう、洗面所に家族のものをまとめています」。

どの部屋のクローゼットも、ハンガーにはよく着る洋服やジャケット、下段の引き出しにはたたんだ洋服や靴下、上部には季節外のモノやバッグと決めているとのこと。使用頻度と仕度の動線にあわせて、取り出しやすい位置に配置されています。

「朝は時間がないので、ジャケットとシャツなど、前夜にコーディネートをセットにしておくと便利ですよ」と、クローゼットを見せてくれました。小宮さん専用のクローゼットには、あらかじめジャケット、シャツ、アクセサリーの3点セットがずらり！　これなら、組み合わせに悩む時間も省けそうです。また、着替えた後の脱いだ服をちょっと置く〝一時置き〟づくりも欠かせません。

DATA

東京都在住
夫婦＋子ども2人
一戸建て
4LDK

息子・娘の居る小宮家には、家族みんなが生活しても、散らからないような工夫がたくさん。共有スペースに決まりをつけたり、片づけをそれぞれに任せられるよう、収納は分かりやすく「見える化」を。

Closet

「どこに置く」「何がある」が
パパッとわかる
〝見える化〟がポイント

家族に片づけてもらうには、
モノのありかを共有すること
自分のモノは自分で管理すること。

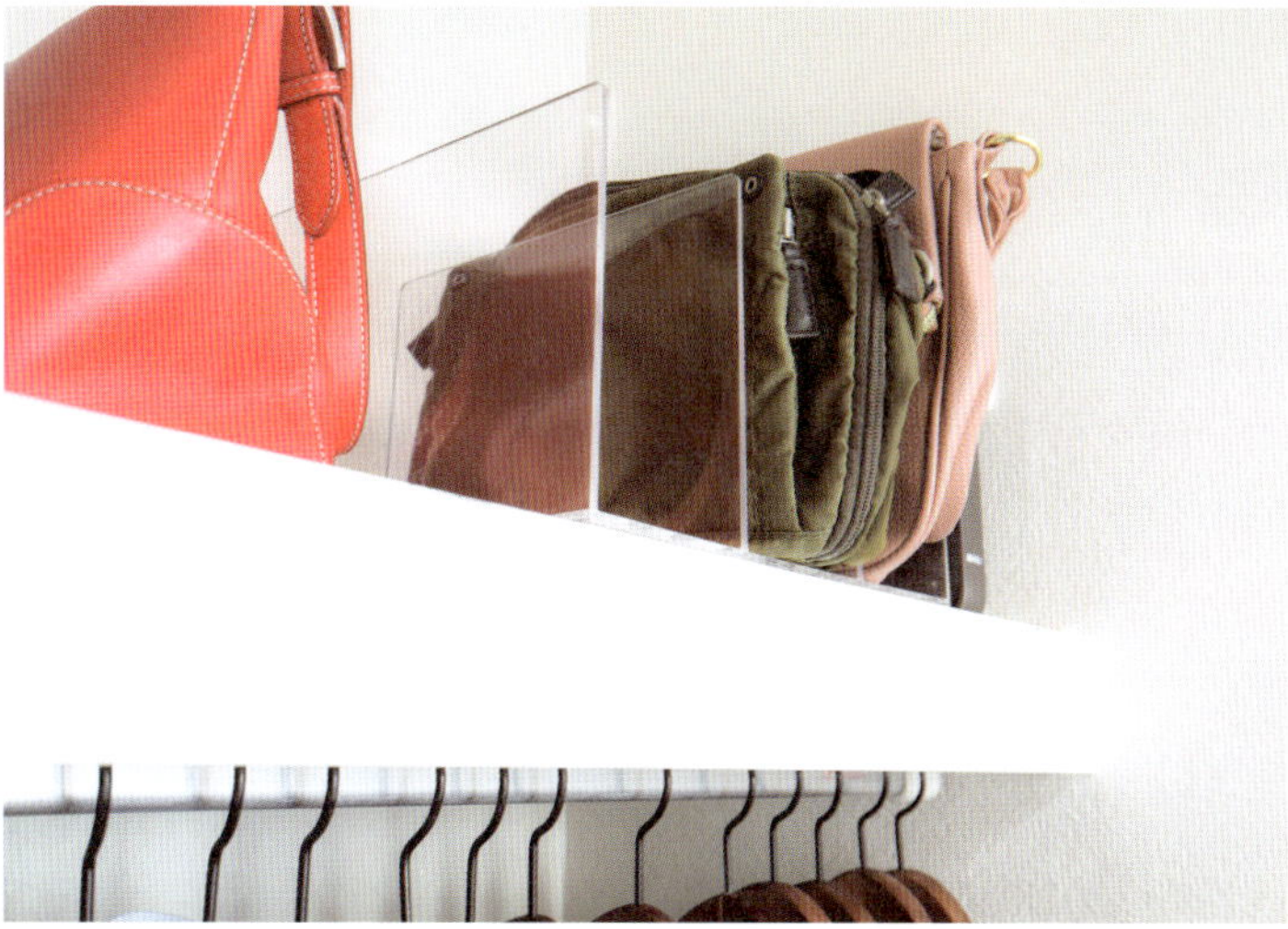

鞄は仕切りスタンドに立てて横倒しと型崩れを予防

手が届く高さにある棚ならバッグ置き場として最適。仕切りで自立させると、取り出しやすく戻しやすい ①

「脱いだ服」にもカゴ収納で定位置化

ベッドや床の上に脱いだままになりがちな寝間着。ひとまず入れられるカゴがあると散らからない ⑤

すべての服を俯瞰できる縦収納

たたんだ服の折山部分を上にして、シーズンオンの服を前列に収納。選びやすい ②③

季節外の服はソフトボックスで入れ替えもラクラク

布製のケースなら高い場所にあっても安全に取り出せる。持ち手があると引き出しやすい ④

ジャケット・インナーは
セット掛けにすれば朝迷わない

右前のレディース上着は、右向きに整列すると引っ掛からない。組み合わせたいベルトやアクセサリーも一緒にハンガー掛け ⑤

Closet

タオルは立てて
"洗った順"に収納

右から入れて左から使えば、タオルをまんべんなく使うことができる。小宮家では梅雨明けにタオルを総入れ替え ⑤⑥⑦⑧

使用頻度にあわせて
クローゼットを使い分けて

ハンガーに毎日着る服、その下はたたんだ衣類を。

**あまり取り出さない
バッグや衣類は上段**

季節外の服やバッグなど、毎日使うわけではないモノは、上段に。仕切ったり、箱にまとめたりすると、使うときラクに取り出せる ①

**夫の仕事服はまとめて
真正面にハンガー掛けで**

シワになりやすい衣類はハンガー掛けにまとめて。通勤用のジャケットや上着類もココへ収納すれば、美しく、手間なく管理ができる

**下着やトレーナーは
折山を上にして収納**

普段着のトレーナーや下着、靴下など、よく使ったり、取り出したりするモノは引き出しへ。段ごとに入れるモノを分類しておけば、コーディネートもスムーズ ②③

小宮さんおすすめの無印良品

①

アクリル仕切りスタンド
3仕切り
約268×210×160mm
価格：1,500円

②

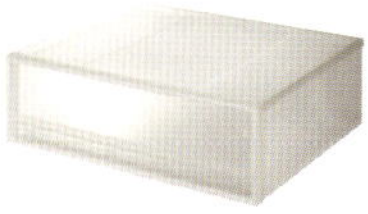

ポリプロピレン収納ケース・
引出式・横ワイド・小
約幅55×奥行44.5×高さ18cm
価格：1,500円

③

ポリプロピレン収納ケース・
引出式・横ワイド・大
約幅55×奥行44.5×高さ24cm
価格：1,800円

④

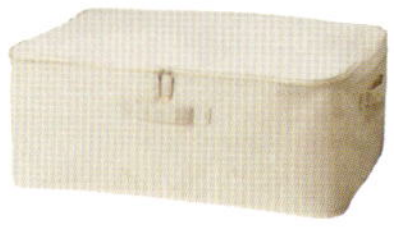

ポリエステル綿麻混・
ソフトボックス・衣装ケース・大
約幅59×奥行39×高さ23cm
価格：2,200円

⑤

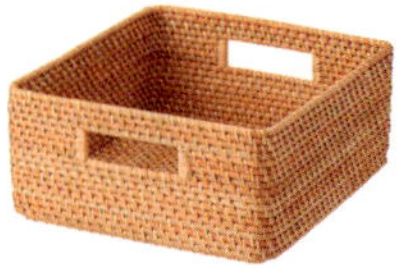

重なるラタン角型バスケット・中
約幅35×奥行36×高さ16cm
価格：3,500円

⑥

高さが変えられる不織布
仕切ケース　中・2枚入
約幅15×奥行32.5×高さ21cm
価格：850円
※118ページは旧仕様です

⑦

ポリプロピレン収納ケース・
引出式・大
約幅34×奥44.5×高24cm
価格：1,200円

⑧

ポリプロピレン収納ケース・
引出式・小
約幅34×奥44.5×高18m
価格：1,000円

整理収納アドバイザーが教える

片づく部屋の8つの収納ルール

片づけてモノが思うように収納できると、
家事がはかどります。
すると、家族一緒にゆっくり過ごせるようになり、
心が軽くなって部屋づくりへの意欲がわいてきます。
面倒に思える片づけでも、
やり方によってはインテリアが楽しくなります。
ここでは、どんな部屋でも誰にでも応用できる、
片づけやすい収納を見つけるルールを紹介します。
モノが多くても少なくても、
自分らしさが反映された部屋は心地よいものです。

Rule
1
日常の動きから、しまう所を決めましょう

必要な場所に収納がない、あっても足りないという間取りで悩んでいる家庭は少なくありません。それとは逆に、収納がたっぷりあるのに場所が遠いといったケースもあります。

収納は人の動きに合わせて場所を決めることが重要です。扉を開けたらすぐにしまえる位置、楽な姿勢で出し入れできる高さを見つけて、片づくルートをつくりましょう。動きに無駄がないと片づけるのがラクになります。

広さに余裕がない場所では、壁にフックや棚を取り付けたり、持ち運びや積み重ねができたりする入れ物を、収納家具の代わりに使うのも一案です。

ワンポイント
家族みんなで過ごす時間の長いリビングダイニングでは、モノを使う所や、人が居る場所の近くに棚があると片づけやすい

Rule
2
「とりあえず」の指定席を設けましょう

「また使う」「あとで見る」と思っているうちに、学校のプリントや郵便物、図書館の本などが出しっぱなしになったりします。でも、どこかにしまうと忘れてしまいそう。かといって、なりゆきでそのへんに置いてしまうと、すっきりとした部屋にはなりません。

たとえ、いつか手放すことになるモノでも、きちんと指定席をつくっておくことが大切。見直しが必要なモノは目に留まるようにすると、「片づけてほしい」というサインになります。そのために、見た目にいい収納用品を使って「とりあえず」の置き場を決めましょう。

ワンポイント
トレイを置いて紙モノの一時置きをつくったり、人に譲るモノを入れるカゴを用意したりして、隙間時間に見返したい

Rule
3
「暮らし」に合わせて、入れ替えましょう

モノの持ち方が変わると、数量や分類も変化します。それに合わせて、これまで使っていた収納用品を買い足したり転用したりしたいのに、それができないせいで片づけに挫折することも。とはいえ大掛かりな模様替えをする必要はありません。家族の成長や引っ越しなど、暮らしの変化に応じて、収納を更新できるようにしておくことが大切です。

箱の中身を入れ替える、他の部屋や別の用途で使う、シェルフを組み替える、棚を追加するなど、使い慣れた道具で対応できるようになっていると改良しやすくなります。

ワンポイント
マンションや戸建て住宅など、どんな住まいでも、寸法に合わせやすい展開のある収納用品を選んで、わが家の暮らしにそってカスタマイズしたい

Rule
4
ひとつの収納には1種類だけ、しまいましょう

引き出しや箱にしまうときには、1枠1種類に分類して収納。さらにモノの特徴に合わせて仕切ると、重なりあったり混ざったりしないので、出し入れしやすくなります。けれど、ていねいに仕分けたつもりでも、家族にはしまうのが面倒になりかねないので、その程度はほどほどに。家族で共有するための大切な配慮です。

モノ別に分類するだけでなく、用意をするのに時間がかかる「お弁当セット」や「お出かけセット」など、使うシーンによって収納場所を分けておくのも◎。日々の準備が格段にラクになり、スムーズに物事を進められます。

ワンポイント
カゴや箱にまとめておくと、使う場所まで持って移動しやすい。使い終わったらそのまま戻すだけで、すぐその場が片づく

Rule
5
「見せる」と「隠す」収納を使い分けましょう

引き出しや戸棚の中にしまって隠す収納中心ではなく、見せながら美しい収納を目指すなら、棚を使って「隠す」と「見せる」のバランスをとりましょう。ただ、扉のないオープン棚はモノの出し入れに便利ですが、モノの量や状態が把握できるという反面、雑然としやすくて困るということも。でも、棚＋収納用品ならうまくいきます。

　生活用品のうち細々としたモノ、色や形がまちまちなモノは収納用品の中にしまって、お気に入りの品や道具は並べて飾る。出し入れしやすい所には実用品を、目につく所には装飾品を。片づけと見た目のことを頭に入れてレイアウトしましょう。

ワンポイント
引き出しや箱は、しまうモノとしまい方を考えて、サイズを選んで組み合わせたい

Rule
6
うつくしく見える道具を使いましょう

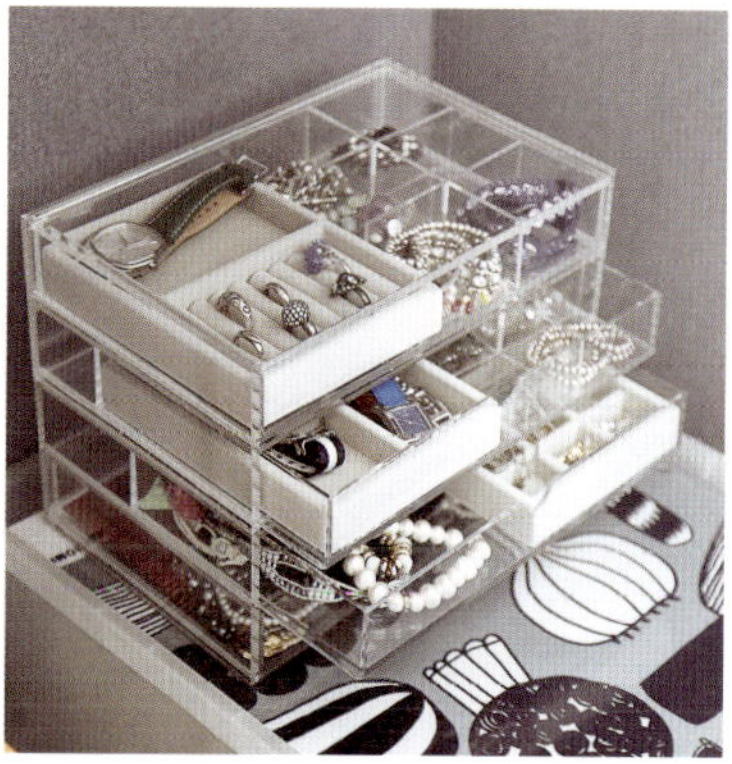

家具や収納用品は、機能性と心の充足感、その両方を兼ね備えた「用の美」を基準に選びましょう。しまうモノが主役になる透明な収納、飾りのないシンプルな棚など、見ていて、思わずうっとりしてしまう……。そんな気持ちにさせてくれる道具があれば、うつくしい部屋を保つモチベーションになってくれます。

また、見た目の美しさを重視するのなら、あらかじめ仕切りの入った収納用品を選ぶのもオススメです。中に入っているモノが雑多になりづらく、パッと目に入ったときも、すっきりと整頓された印象を与えてくれます。

ワンポイント
透明な収納は、見た目にうつくしいだけでなく、中味が何かがすぐわかり、取り出しやすいというメリットもある

Rule 7
“定位置”だけ決めてカンタン収納に

定位置にかけるだけ、置くだけ、入れるだけなど、使ったあとに戻しやすいカンタンな収納は、ズボラさんにはうれしい仕組み。

メリットもたくさん。ワンアクションで片づけが完了するので、日々の片づけがぐっとラクになります。生活動線上に収納場所を作っておけば、自然と散らかり防止に。なかなか部屋を片づけるまとまった時間が取れない人や、忙しい人にもオススメの仕組みです。

また、使用頻度が高いモノほど、カンタン収納にすると、片づけ時間の短縮に効果を発揮します。

ワンポイント

毎日出し入れするカバンや上着、カギなどのお出かけ用品は特に、手軽に取り出せて、かつ片づけやすいようにしておくこと。忙しい朝も、疲れた帰宅後も気持ちが軽くなる

Rule 8
家族みんなで片づけましょう

ひとりで家じゅうをきれいに片づけたり、掃除をしたりするのは大変。家族みんなが自然と片づけられる仕組みをつくっておきましょう。モノを片づける位置がわかりやすいようにラベリングしたり、棚ごとの整理は家族の自主性に任せたりと、上手に分担。片づけ方や、モノの持ち方のスタンスは人によって異なるので、細かいことは気にしないのが上手くいく秘訣です。家族ごとに専用のスペースを設けるなど、それぞれのやり方を大切にして。みんなで片づけることで「意外と整頓好きだった」なんて、家族の意外な一面を発見できるかも。

ワンポイント

家族みんなの「お気に入り」やこだわりを尊重してあげたい。寒さ・暑さの感覚が違うように、モノへのこだわりもそれぞれ違うから。家庭の平和を第一に

おわりに

取材を終えて、私が真っ先に実践したことがあります。

洗濯機にマグネットフックをつけて、ハンガーを吊るしました。
棚の下に吊り下げていたこれまでと比べて、
使い勝手が大きく変わったわけではありません。
それでも、見た目のうっとうしさがなくなり、
小さな改良が喜びをもたらしてくれることを、あらためて実感したのです。

片づけに役立つ道具や、インテリアに取り入れたくなる家具が、
私たちのまわりには数多くあります。

その中から自分にとって最適なモノを選ぶのは難しいことです。
迷ったり、失敗したりした経験があるのではないでしょうか。

暮らしへの悩みや憧れは、誰にでもあるはず。
本書に登場してくださったかたも同じ道をたどって、
無印良品で長く愛用できる品に出会ったのです。
自分らしさ、わが家らしさを知って、モノとつきあい続けることで、
心地よい暮らしが創れるのだと思います。

私がたくさんのヒントを得てきたように、
この本が手に取ってくださった、
みなさんのお役にたつことを願っています。

本書はたくさんの方々の協力のもとに結実しました。
取材を快諾してくださったモニターのかたやそのご家族をはじめ、
カメラマンの青木章さんと大木慎太郎さん、
そして笑顔で励ましてくれた編集の静内二葉さん、
書籍づくりにご尽力いただいた皆様に、この場を借りてお礼を申し上げます。

すはらひろこ

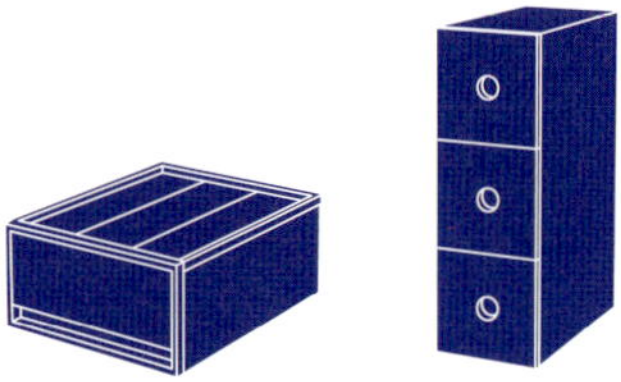

シンプルに暮らす

**無印良品で
片づく
部屋のつくり方**

2017年5月 6 日　初版第1刷発行
2017年5月22日　初版第2刷発行

著　者　すはらひろこ
発行者　澤井聖一
発行所　株式会社エクスナレッジ
〒106-0032　東京都港区六本木7-2-26
http://www.xknowledge.co.jp/

問合せ先
編集　Tel 03-3403-6796　Fax 03-3403-1345
info@xknowledge.co.jp
販売　Tel 03-3403-1321　Fax 03-3403-1829